작가의 고유의 글맛을 살리기 위해
한글 맞춤법에 맞지 않는
일부 표현을 수정하지 않았습니다

개정판
New edition

내 인생 첫 책 쓰기 비법은 필사이다

필사로 키우는 글쓰기의 힘

내 인생 첫 책 쓰기 비법은 필사이다

나애정 지음

생각의빛

PART. 3 책 쓰기 전, 필사를 해야 하는 이유

PART. 4 책 쓰기를 위한 필사 원칙

PART. 5 나에게 간절한 책 쓰기, 필사로 시작해라

PART. 1

책 쓰기, 남의 일이 아니라
내 일이다

이제, 누구나 책 쓰는 시대이다

—

매일 아침, 나는 읽고 쓴다. 될 수 있으면 새벽에 일어나기 위해 노력하고 있다. 새벽 5시 기상을 목표로 하고 있는데, 새벽시간의 매력을 알게 되면서 기상시간을 좀 더 앞당기고 있다. 이것은 새벽 활용 시간을 최대 3시간까지 연장해서 나만의 시간을 가지고 싶기 때문이다. 새벽에 일어나서 하는 가장 중요한 나의 일은 역시 읽고 쓰는 것이다. 새벽에 읽으면 초 집중을 경험하고 더 많은 자극들을 받는다. 그 자극은 새로운 아이디어로 재창조된다. 또한 새로운 아이디어를 내 삶에 적용하고 도전함으로써 삶도 빠르게 변화되어 간다.

나는 아무리 바쁘더라도 읽고 쓰려 한다. 글은 그냥 글이 아니라 책을 쓰기 위한 글이다. 즉, 1꼭지 쓰기인데 이것을 새벽시간 매일 하기 위해 노력하고 있다. 매일 1꼭지 쓰면서 나는 매일 책을 쓰게 되는 것이다. 매일 쓰면 한 달이면 초고 하나가 나오게 된다. 계산을 해보면 1년에 6권의 책도 쓸 수 있겠다는 계산이 나온다. 하지만 '몇 권을 출간했나?' 하는 것보다 더 가치 있는 것은 매일 쓰면서 나의 삶이 긍정적으로 변화된다는 것이다.

이렇게 책을 매일 쓰게 된 것이 스스로 생각해도 신기하다. 현재 나는 총 17권을 출간한 상태이다. 여러 권의 출간으로 인해 나의 삶은 계속 바뀌어 가고 있다. 책 쓰기 전까지만 해도 조금 긴 글쓰기라면 될 수 있으면 피하려했던 지극히 평범했던 나였었는데, 그런 내가 지금은 매일 쓰는 삶을 살고 있다. 정말 나 자신을 보면 이제 누구나 책을 쓰는 시대라는 생각을 안 할 수 없다.

과거, 내가 글을 썼을 때를 생각해 보았다. 나도 글이란 것을 쓴 시기가 있기는 했다. 그것은 대학교 때 일기를 쓴 것이, 첫 책 출간을 위해 꼭지 글을 쓰기 전까지 처음이자 마지막으로 쓴 글이었다. 나는 대학생 때, 기숙사 생활을 했었다. 기숙사 규율이 엄해서 외출이 자유롭지 못했다. 그래서 답답한 마음을 풀어내기 위한 도구로써 일기를 쓰기 시작했다. 일기를 쓰면서 나는 마음속에 있는 감정들을 다 써내려갔다. 누군가와 좋지 않았던 불편함을 쓰기도 했고, 철

없던 나이의 각종 불만들까지, 일기이니 누군가가 보지도 않을 것이기에 어떤 이야기라도 써내려갔다. 지금도 그 일기장을 가지고 있다. 하지만 정말 혼자만 봐야할 글이다. 어떤 형식도 없이 그냥 내 마음대로 써 놓은 글이었다.

대학교를 졸업하고 글이라고는 담을 쌓고 살았다. 대학교 졸업과 동시에 일기도 쓰지 않았다. 졸업을 하고 직장생활을 시작하니, 직장생활하기에 여유가 없었다. 퇴근하면 피로감이 몰려와서 다른 생산적인 어떤 일을 한다는 생각 자체를 하지 못했다. 그렇게 글은 나의 삶에서 멀리 멀어져갔고, 글을 써야겠다는 생각도, 의지도, 필요성도 없이 그렇게 바쁜 삶을 살았다.

그러면서 정말 삶이 힘들어질 때 돌파구를 찾기 위해 글을 다시 쓰기시작 했다. 늦은 육아와 직장 슬럼프를 겪으면서 뭔가 특별한 변화가 있어야겠다고 본능적으로 나는 감지했다. 그 본능은 살기 위함이었다. 이런 삶에서는 스스로 더 삶을 깎아 먹는 일로 이어지게 될 지도 모른다는 위기감을 느낀 것 같다. 그래서 찾아 나선 것이 글쓰기 위한 방법을 찾는 것이었다. 그 글쓰기는 책이란 결과물을 내기 위한 책 쓰기였다.

이렇게 글이라고는 거의 담을 쌓고 살아 온 나조차도 책을 썼다. 글 쓰는 것은 말하는 것처럼 인간의 본능이기에 조금만 배우면 누구나 쓸 수 있다. 실제 요즘은 누구나 글을 쓰고 있다. 그 글쓰기에서 책 쓰는 기술을 조금만 가미하면 책을 쓸 수 있는 것이다. 책 쓰기, 이제는 특별할 것도 없다. 책 쓰겠다는 결심만 있다면 얼마든지 방법을 찾아 쓸 수 있다. 그 결심을 하느냐 못하느냐에 따라 책을 쓸 수 있느냐, 없느냐가 결정이 된다고 해도 과언이 아니다.

이렇게 누구나 책을 쓸 수 있는 이유는 책은 작가의 메시지와 경험, 노하우가 있으면 되기 때문이다. 자신의 경험과 노하우, 메시지만 있으면 한 권의 책을 만들어 낼 수 있다. 자신만의 경험, 노하우, 메시지가 없는 사람은 없다. 그것을 찾아 표현하는 연습을 한다면, 누구나 책을 쓸 수 있다. 특별한 재능을 타고 나지 않아도 된다. 나는 글 쓰는 재주는 타고 나야한다고 생각했었다. 하지만 아니었다. 책의 장르는 다양하다. 자기 계발서는 삶의 경험과 나름의 노하우를 가지고 있다면 충분히 가능한 것이다. 그렇다. 자기계발서로 책 쓰기를 시작하고, 그 다음에는 본인이 원한다면 다른 장르도 도전할 수 있다. 자신도 경험, 노하우, 메시지를 잘 버무려서 한 권의 책을 써낼 수 있다는 사실을 의심해서는 안 된다.

특별한 경험이 아니어도 된다. 보통 사람들은 책을 쓴다고 하면 인생에서 크게 성공했다거나, 아주 특별한 경험이 있어야 한다고 생각한다. 하지만 그렇지 않다. 오히려 성공한 인생, 특별한 경험일 경우에는 평범한 사람과 공감대 형성이 더 어려울 수 있다. 쉽게 말해 공감력이 좀 떨어질 수도 있다는 의미이다. 독자가 쉽게 공감할 수 있는 소소한 일상에서 특별한 뭔가를 끄집어내서 이야기해 줄 수 있는 책들이 요즘은 더 읽히는 책이 된다. 그렇기 때문에 특별한 인생, 색다른 경험을 찾을 필요가 없다. 자신이 한 경험에서 자신만의 주장, 메시지를 전달할 수 있도록 노력하면 되는 것이다.

처음 책을 쓸 때는 자신의 주장, 메시지를 낸다는 것이 어려울 수 있다. 하지만 혼자서 극복해야 할 부분이다. 왜냐하면 작가의 주장과 메시지가 없다면 책이 되지 않기 때문이다. 노력하다보면, 점점 적응이 된다. 나는 첫 책을 쓸 때 내 목소리를 내는 것이 힘들었다. 내가 쓰려는 '독서'라는 주제는 나에게 이미 경험이 적지 않은 주제였다. 하지만, 그것에 대한 나의 메시지를 끄집어내는 것이 어색하고, 쉽지 않았다. 쉽게 말해서 경험은 있으되, 그 경험과 내 인생 첫 책을 쓰면서 나는 그 사실을 인지하게 되었다. 그 동안 너무 고분고분하게 살아 온 것이다. '나는 주변에서 하는 이야기대로 잘 수긍하면서 살았구나.' 하는 생각을 하게 되었다. 한평생 공무원 생활을 하면서 나는 내 생각을 펼치기보다 내가 해내야 하는 일에 충실하게 살아온 것이었다. 그렇기 때문에 그것이 나의 삶에도 그대로 묻어 나의 목소리를 내는 일에 남의 옷을 입은 듯, 어색하게 된 것이다. 아예 목소리를 내는 기능자체가 나에게 없다는 생각까지 들었다. 그래서 글을 쓰면서 나의 이런 문제를 인식하면서 조금씩 내 목소리를 내려고 노력했다. 초고를 완성하는 한 달 동안은 나의 목소리를 찾는 시간이었다. 나는 나의 메시지를 찾고 그것을 주장하는 연습을 계속 했었다.

일상의 경험에서 자신이 하고 싶은 말을 찾아내라. 그 말이 다른 사람이 들었을 때 도움이 되는 메시지이면 더욱 좋다. 소소한 경험에서도 얼마든지 값진 메시지를 끄집어 낼 수 있다. 예를 들어 새벽 기상을 하기 위해 고심하다가 새벽운동을 등록하게 됨으로써 새벽 기상을 성공하고 습관까지 들이게 되었다고 가정해 보자. 이런 이야기를 적어주고, 그 경험을 통해 내가 깨닫게 되고, 특별히 말하고 싶거나 강조하고 싶은 메시지를 여러 개 쓰면 된다. 새벽의 가치를 모른다거나 새벽에 일찍 일어나고 싶지만 매번 실패하고 일찍 일어나지 못하는 사람에게는 그런 소소한 경험과 메시지들이 아주 요긴한 정보가 될 수 있다.

자신이 살아온 경험들은 가치 있는 것이다. 너무나 소소해서 아무런 가치가 없는 경험처럼 느껴지지만 사실은 그 누군가에게는 아주 절실한 정보가 될 수 있다. 이 사실을 받아들이고 믿어라. 대부분의 사람들이 자신의 경험을 특별할 것이 없는 것, 누구나 다 알고 있는 것이라고 과소평가하는 경향이 있다. 이런 생각 때문에 책 쓰기가 쉽지 않은 것이다. 자신의 경험 하나 하나는 단 한 사람에게 가치 있는 결정적인 그 무엇이 될 수 있다는 자신감으로 책 쓰기에도 도전

장을 던지길 바란다.

　요즘 시대는 누구나 책을 쓴다. 일용직 일꾼들도 쓰고, 장사하는 장사꾼도 쓰며, 간호사도 쓰고, 선생님들도 쓴다. 연령, 직업, 전공, 그 무엇도 책을 쓰는데 걸림돌이 되지 않는다. 누구나 책을 쓰는 시대임에도 불구하고 쉽게 책 쓰기를 시도하지 못한다. 살아온 경험의 가치를 인지하고, 경험을 글로 풀어내며, 그 경험과 관련된 메시지를 써 나간다면, 스스로도 놀랄 멋진 책을 만들어 낼 수 있을 것이다. 책이란 것이 꼭 전문가가 아니어도 된다. 특별한 재능을 필요로 하는 것이 아니라는 사실을 잊지 말자. 누구나 하고자 하는 의지와 결심만 있다면, 이제는 그 어떤 사람도 감동적이고 유익한 책을 써 낼 수 있으리라 믿는다. 누구나 책 쓰는 시대, 이제 나도 도전해본다는 생각으로 책 쓰기 시작해보자.

책 쓰기, 타고난 재능으로 쓰는 것이 아니다

—

내 인생 첫 책, 《하루 한 권 독서법》을 쓰고 주변으로부터 가장 많이 들었던 말이 있다.

"어머, 글 쓰는 재주를 타고 나셨나 봐요?"

하지만 이 말을 들을 때마다 나는 쑥스러워진다. 사실 글 쓰는 재주도, 책 쓰는 재주도 타고난 사람이 아니다. 다만, 책 쓰기에 대한 간절함이 있었을 뿐이다. 그리고 또 한 가지, 책 쓰는 방법을 배우고 익혔기 때문에 책을 출간할 수 있었다.

타고난 재능을 활용해서 사는 사람이 세상에 얼마나 많을 것인가? 어떤 성취를 이룬 사람 중에서도 자신의 타고난 재능보다 다른 무엇이 있었기 때문에 그런 성취가 가능한 경우가 훨씬 많을 것이라 생각한다. 특히 책 쓰기에 있어서는 더욱 그렇다. 글쓰기가 아닌 책 쓰기에서 가장 중요한 부분은 '나는 책 한 권을 꼭 쓰고 말겠다.' 라는 간절한 마음이다.

　내가 인생 첫 책을 쓰기 시작한 날은 2017년 12월 9일이다. 지금도 그날을 잊을 수 없다. 그렇기 때문에 책 쓰기를 시작한 그 날이 나의 뇌리에 깊이 새겨졌다. 사실 그 날, 시작하기 직전까지 나의 마음은 책 쓰기에 대한 강한 열망으로 가득 채워져 있었다.

　'나도 책 한 권 써야겠어.'

　'내가 읽은 수많은 책의 작가들처럼 나도 나의 경험과 노하우를 책으로 써서 그 누군가에게 힘이 되고 도움이 되고 싶다.'

　라는 생각을 했다. 늦은 출산과 육아로 육아서를 읽기 시작하면서 나는 책 쓰기를 해야겠다는 생각을 하게 되었다. 육아서에는 먼저 아이를 키운 엄마들의 깨알 같은 에피소드와 정보가 가득하여 읽으면서 많은 도움을 받았다. 그리고 육아뿐 아니라 읽는 주제가 확장되면서 나는 새로운 주제들에 대한 배움도 계속 할 수 있었다. 책을 읽으면서 현실 문제해결의 실마리를 갖게 되고 인생에 대해 반성하고 고민하면서 나도 책 쓰기를 해야겠다는 강한 욕구를 가지게 되었다.

　책 쓰기에 대한 간절함은 나를 움직이게 했다. 책 쓰기는 평생 해보지 않은 일이다. 그렇기 때문에 무엇을 어떻게 해야 할지 막막했다. 하지만 간절함이 있었기 때문에 그냥 있을 수 없었다. 나는 방법을 찾기 시작했다. 책 쓰기에 대한 책을 찾아서 읽었고, 인터넷 서치도 하면서 어떻게 하면 나도 책 한권 쓸 수 있을 지를 찾고 또 찾으면서 고민했다. 무엇이든지 마음이 중요하다는 것을 책 쓰기를 하면서도 느꼈다. 간절하다면 평생 글이라고는 담쌓고 살았어도 결국에는 책 쓰기를 도전하게 된다.

책 쓰기하기 위해서 중요한 한 가지는 책 쓰는 방법을 배우고 익히는 것이다. 책 쓰기는 글쓰기와 다르다고 보통 이야기한다. 그 말이 맞다. 소설이나 수필, 기타 문학서 같은 경우에는 타고난 감성, 타고난 글재주가 어느 정도 필요하다고 할 수 있겠다. 하지만 자신의 경험과 메시지를 쓰는 자기 계발서 같은 비문학서일경우에는 타고난 감성이나 글재주보다는 쓰는 방법을 배우고 몸에 익혀 터득하는 것이 더 중요하다고 할 수 있다.

책 쓰기도 다른 기술을 배우듯이 똑같다. 책 쓰기는 말 배우는 것, 자전거 배우는 것, 수영 배우는 것과 크게 다르지 않다.

아이들이 말을 배울 때를 상상해보자. 아이들을 보면 대략 생후 2년 정도 지나면 말을 하기 시작한다. 아이에 따라 발달의 차이는 있지만 대략 그 정도이다. '엄마', '아빠', 라고 말하기 시작하면서 말하기실력은 점점 좋아진다. 아이들은 재미를 느낀다. 그렇게 말수가 많아지면서 어른 수준으로 단어의 수를 늘려 말을 하게 된다. 귀머거리, 벙어리가 아닌 이상 말하는 것은 자연스럽게 터득하게 된다. 그것처럼 책 쓰기도 글이라는 것을 자주 쓰고, 그 방법만 조금 익힌다면 언젠가는 책이란 것을 쓸 수 있게 된다. 포기만 하지 않는다면 말을 배우듯이, 책 쓰기 기술도 체득하게 될 것이다.

책 쓰기는 자전거 배우는 것과도 같다. 어릴 때, 자전거배울 때를 기억해보자. 누군가가 뒤에서 잡아주면서 배우기 시작한다. 누군가의 도움이 반드시 필요했다. 운동신경이 좋아서 스스로 터득하는 것도 불가능한 것은 아니겠지만 보통은 누군가의 도움을 받는다. 누군가의 도움을 받지만 넘어지는 것은 통과의례이다. 여러 번 넘어지면서 배운다. 넘어지는 횟수만큼 나의 자전거 타는 기술은 좋아진다. 책 쓰기도 마찬가지이다. 누군가의 도움을 통해서 배우면 좀 더 빨리 배울 수 있고, 시행착오를 겪으면서 그것이 나의 실력향상의 자양분이 된다. 또한 빠르게 책 쓰기를 시작하고 책도 출간할 수 있다.

책쓰기는 또한, 수영 배우는 것과도 같다. 처음에는 물에 들어가는 것조차 싫다. 물에 들어가서 물장구부터 시작해서 물속에서 팔젓는 방법을 배우면서 조금씩 실력이 좋아진다. 가까운 지인 중에 물을 정말 싫어하는 사람이 있었다. 그 분은 8개월 만에 수영의 기본 영법인 자유형을 할 수 있게 되었다고 이야기를 전해주었다. 보통은 아무리 늦어도 2~3개월이면 할 수 있는 영법을, 8개월이나 걸려 몸에 익힌 것이다. 그래도 포기하지 않고, 꾸준히 해서 이루어 냈다. 그렇게 도저히 불가능해 보였는데, 노력하고 시간을 투자하니 수영세계에 제대로 입문하게 된 것이다. 입문이 된다면 그 다음에는 나머지 영법도 빠르게 배우게 될 것이다. 이것처럼 책 쓰기도 시간이 지날수록 잘하게 된다. 포기만 하지 않으면 시간이 흐른 만큼 성장한다.

책 쓰기 방법을 아는 것이 책 쓰는 데 있어서 결정적인 역할을 한다. 그 방법을 알면 누구나 쓸 수 있는 힘이 생긴다. 책 쓰는 것은 아무나 못한다, 나는 안 돼, 못 해, 쓰기 어려워, 라고 미리 속단하지 말고 일단 시작부터 해서 조금씩 배워 나가자.

책 쓰기는 타고난 재능으로 쓰는 것이 아니다. 일반적으로 말하는 글쓰기와는 다르다. 물론 책 쓰기도 글쓰기이다. 글을 써야 책이 만들어지기 때문이다. 여기에서 책 쓰기는 문학서보다는 비문학서쪽을 주로 전제로 두고 있다. 자신의 현재 위치와 그 위치에 오기까지의 경험을 통해 하고 싶은 말을 정리해서 한 권의 책을 쓴다. 즉, 자신의 경험과 자신의 메시지를 잘 버무려 책 쓰기를 하는 것이다. 그 버무리는 과정에서 책 쓰는 방법, 즉 기술이 필요한 것이다. 옛날 어르신들이 자주 하는 말이 있다. 내가 살아온 이야기를 쓰면 책 한 권을 쓸 수 있다, 라는 말이다. 그 어르신들이 책 쓰는 기술만 알고 있었다면 그 수많은 이야기들이 책으로 만들어졌을 것인데, 몹시 아쉽다. 책 쓰는 기술을 제대로 모르기 때문에 간절한 소망으로만, 희망사항으로만 남겨 두었다. 책 쓰기 거창하게 생각하지 마라. 타고난 재능보다는 간절한 마음과 책 쓰는 기술만으로도 당신의 책을 쓸 수 있다.

출간할 책 한 권의 가치를 상상해라

—

현재 나는 10권 이상의 개인 저서를 출간했다. 이미 여러 권의 개인 저서를 썼지만 출간할 책을 상상하면 출산을 앞둔 산모처럼 설렌다. 내가 필리핀 세부살이 할 때였다. 아이 둘과 함께 4명의 가족이 각각 이민 가방 한 개씩 챙겨서 필리핀 세부를 갔었다. 엄밀히 말해서 세부가 아니라 세부 옆에 있는 작은 섬, 막탄이란 곳이다. 이곳에 오면서 나는 마음먹은 것이 하나 있었다. 아이들이 학교에 가 있는 동안 책을 쓰겠다는 결심이었다.

나는 하루 6시간 이상씩 책을 썼다. 아이는 대략 아침 8시쯤 학교에 가서 오후 4시가 되어야 돌아온다. 그 많은 시간, 책 쓰기 외에 특별히 할 일도 없다. 세부 가기 전에 결심한 대로 원하는 만큼 나는 쓰고 썼다. 하지만 중간에 사정이 생겨서 2번째 출간이 늦어졌다. 온라인 서점에 예약판매까지 올라갔지만 출간으로 이어지지 못했다. 그것도 2번이나 온라인 예약판매에서 내려졌다. 개인적으로 가슴이 아프다. 다행히 써 놓은 원고들이 있었기에 다른 원고로 출판사와 작업을 하게 되었다. 세부에서 열심히 쓴 덕택에 작년 연말에 3권을 출간했다. 주제는 독서법 하나와 필리핀 세부의 정착이야기, '새벽'에 대한 이야기이다. 출판사와의 작업이 원활하게 잘 끝나서 2019년 년 말, 3권이 동시에 출간되었다.

어떤 주제를 잡고 책을 쓸 때마다 나는 상상한다. 내가 쓰는 이 책으로 사람들이 조금이라도 도움이 되었으면 좋겠다, 라고 생각한다. 2019년 말 출간된《유학원 거치지 않고 세부살이, 좌충우돌 이야기》는 나처럼 세부에 와서 정착하는데 어려움이 있는 사람들에게 도움이 되었으면 하는 마음으로 쓴 것이다. 외국에 정착하는데, 옆에서 조금만 조언을 해주어도 그것이 바로 천군만마를 얻은 것과 같은 효과가 있다. 세부에 정착하면서 그런 것을 느꼈기에 나는 그 역할을 해야겠다는 생각으로 책을 쓰게 되었다. 또한《새벽 시크릿》같은 경우에는 새벽시간의 놀라운 가치를 알리고 싶은 마음이 강했다. 이렇게 내가 쓰는 주제로 인해 사람들이 평소 생각하지 못했던 부분을 알게 되고, 깨닫는 계기가 된다면 그것처럼 보람 있는 일도 없을 것이다. 나 또한 책을 쓰면서 배우고 느끼는 것이 많다. 특별한 인연과 기회가 생기기도 할 것이다. 그런 놀라운 변화들을 상상하는 것만으로도 나는 책을 써야겠다는 강한 열망이 솟아난다.

나는 내 인생의 첫 개인저서 《하루 한권 독서법》을 쓰고 삶이 완전히 바뀌었다. 책 한권으로 부자가 되었다는 이야기는 아니다. 부자 보다 더 소중할 수 있는 것이다. 그것은 삶의 라이프스타일이 바뀌었다는 것이다. 이 변화된 라이프스타일은 나를 계속 성장하는 사람, 다른 사람에게 긍정적인 영향을 미치는 사람, 그럼으로써 성공적인 삶을 사는 사람으로 점점 변화시켜주고 있다. 《하루 한권 독서법》을 출간한 이후, 나의 라이프스타일의 3가지 큰 변화는 다음과 같다.

첫째, 새벽에 하루를 시작한다.

처음에 독서를 할 때만해도 나는 잠자는 시간은 절대 양보할 수 없는 사람이었다. 독서의 가치를 뼈저리게 느끼게 되었지만 잠만은 충분히 자야한다는 강한 의지를 가지고 있었다. 하지만 직장 맘이었기에 독서를 위한 물리적 시간이 절대적으로 부족하였다. 그래서 결국 새벽시간을 활용하게 되었다. 본격적인 독서 후 1년만의 일이다. 새벽에는 몰입독서가 가능했다. 그리고 나는 글을 쓰기 시작했다. 새벽글쓰기도 역시 새벽독서처럼 새로운 경험이었다. 새벽에 하는 일은 그 무엇이라도 몰입상태를 체험하게 된다는 것을 알게 되었다. 특히 머리를 써야 하는 일은 새벽 시간에 하는 것이 가장 적합했다. 지금은 쓰기 위해서 새벽에 일어난다. 새벽시간을 활용하면서 책 쓰는 일로 하루가 시작되면서 더욱 가치 있고 생산적인 하루가 되었다. 하루가 가치 있고 생산적이기 때문에 하루들의 집합체인 삶도 그 하루처럼 특별한 성취가 달성되는 특별한 삶이 될 것이라 생각한다.

둘째, 매일 읽고 쓴다.

한 권의 책 출간으로 인해 나는 작가가 되었다. 그 이후부터 지금까지 나는 작가의 삶을 살고 있다. 매일 책 쓰는 삶이다. 쓰기만하는 것이 아니라 쓰기 위해서 또한 읽게 된다. 물론 책 쓰는 일과 상관없이 내가 보고 싶은 책들도 읽게 되지만 책을 쓰는 중간에는 쓰는 주제에 대한 책을 많이 찾아보게 된다. 책을 읽으면서 아이디어도 얻고 새로운 구상도 할 수 있기 때문에 책을 쓰는 사람은 대부분을 책을 읽는다. 매일 읽으면서 나는 쓰고 있다.

셋째, 인생 소중한 목표가 생겼다.

한 권의 책이 출간되면서 나의 인생 목표를 찾게 되었다. 책을 출간하기 전에는 알지 못했다. 글이라고는 전혀 나와는 상관이 없는 영역이라고 생각했다. 하지만 실제 출간을 해보니, 책 쓰는 것만큼 매력적인 일이 없다는 것을 느꼈다. 매력적인 이유는 여러 가지이다. 책 쓰기는 나의 삶을 재료로 가치 있는 메시지를 만들어 사람들에게 나의 메시지를 알려 주는 수단이 된다. 자식에게도 가족에게도 이웃에게도 독자들에게도 나의 경험과 메시지인 나의 책이 하나의 동기부여요소가 되어 읽는 이들에게 새로운 도전의 계기가 된다. 이 얼마나 가슴 떨리는 일인가? 또한 나의 경험이 나와 같은 상황에 놓여 있는 사람들에게 도움이 될 수도 있다. 개인적으로 보람이고 가치 있는 일이다. 그래서 나는 책 쓰기를 사랑하게 되었다. 사랑해서 나의 아들과 딸들에게도 이 일을 권하려고 한다. 어떤 직업을 가지고 있더라도 책 쓰기는 할 수 있다. 만약 자신이 하고 싶은 일이 따로 있다면 그것을 하면서 책 쓰기는 할 수 있다. 나도 현재 보건교사 직업을 가지고 있지만 책을 출간했다. 앞으로도 나는 일을 하면서 책 쓰기를 계속 할 것이다. 나이가 들어 할머니가 되어도 이 일은 나에게 소중한 일이 될 것이다. 책 쓰기는 나의 소중한 인생 목표이다.

책 쓰기는 성공으로 가는 삶의 시스템이다. 책 쓰기에 대해서 알지 못하는 사람이 많다. 나도 그랬지만 책 쓰기는 특별한 사람만이 하는 것이라 생각한다. 하지만 이제는 아니다. 나도 책을 썼듯이, 책을 쓰고자 하는 그 어떤 사람도 자신의 경험과 메시지를 담아 책을 출간할 수 있다. 한 권의 책이 나에게 안겨다 줄 것을 상상해보자. 상상해보아야 그것을 제대로 알 수 있고, 열망이 더욱 커진다. 막연히 '책 쓰기'라고 생각하는 것보다 '책 쓰기로 인해 나의 삶이 어떻게 변화될 것인가?', '나의 삶에서 책 쓰기의 가치는 어떤 것일까?'라고 구체적인 질문과 함께 제대로 상상해보면 그것에 대한 간절함이 달라지는 것이다. 한 권의 책을 출간함으로 인해, 놀라운 변화들이 삶에 일어날 것이다. 책 쓰기는 성공으로 가는 최고의 길임을 자연스럽게 느끼고 알게 될 것이다.

책 쓰기의 가치는 말로 다 표현할 수 없을 정도로 크다. 그것을 빨리 깨우친 사람이라면 그 세계로 빨리 들어갈 수 있다. 책 쓰기로 인생의 참 의미를 알게 되고, 자신의 꿈과 목표도 찾게 된다. 무엇보다도 나의 삶이 책이 된다는 사실, 남은 인생 자체도 여러 권의 책으로 전환될 것이다. 그 책은 나대신 세상을 돌아다니며 사람들에게 나의 이야기, 나의 메시지를 들려줄 것이다. 책 한권을 쓰고 변화될 자신을 상상해보아라. 멋진 모습, 멋진 인생이 나에게 주어질 것이다. 상상만 해도 벅차오르는 기쁨과 감동을 느낄 수 있다.

작가의 의식을 가져라

—

내가 어떤 생각을 하고 있느냐에 따라 현실은 달라진다.특히 정말 되고 싶은 것이 있다면 그것에 대해 자주 생각하고 실제 되었다고 상상해보는 것이다. 소망한 것이 이루어졌다고 상상한다. 그 기쁨, 그 감동, 감정적인 흥분과 함께 생생하게 느껴질 것이다. 생생하게 매일 느끼고 상상하는 것이 원하는 것을 현실로 만드는 가장 확실한 방법이 된다.

책 쓰기도 마찬가지이다. 책 쓰기 간절한 마음처럼 책 쓰고 난 뒤 작가가 된 모습을 상상해보라. 작가가 되었다고 느끼는 순간 작가로서의 의식을 가지게 되고 그런 의식이 자신의 머리와 생활을 채울 때 실제 작가가 될 수 있다.

성과는 항상 의식이 먼저 있었다. 의식적인 부분이 먼저 앞서고 그 다음, 내가 원하는 것이 이루어졌다.

세부에 오기 전에 나는 세부에서 생활하는 나와 아이들의 모습을 자주 상상했다. 상상은 어렵지 않았다. 세부를 처음 방문한 것은 세부 살이 하기 2달 전이었다. 2018년 7월에 잠깐 사전답사를 와서 학교와 빌리지를 보고 갔었다. 그 이후, 세부 살이에 대한 열망이 생겼다. 나이 많은 엄마가 아이에게 특별한 추억을 남겨주고 싶은 마음을 평상시 가지고 있었다. 어느 날 새벽, 조용히 눈을 감고 세부 생활을 머릿속으로 그려보았다. 아이들은 교복을 입고 가방을 끌고 빌리지 바로 옆에 있는 학교를 가고, 나는 빌리지 마당에서 손을 흔든다. 아이들이 학교로 들어가는 것을 먼발치에서 보고 나는 집으로 들어가, 어지럽혀진 아침의 흔적들을 하나하나 정리를 하고, 우리 집 노견 '모두'의 아침도 챙겨준다. 그리고 나는 책상에 앉아서 목차를 만들고 책을 쓴다.

세부 살이 하기 전, 나는 이상하리만치 세부생활이 나의 삶인 듯 자연스럽게 느껴졌다. 자주 상상해서 그랬을지도 모른다. 나는 조만간에 나의 미래로 다가올 것처럼 생각을 하였다. 나의 의식이 먼저 세부로 갔다. 의식이 가고 나의 몸이 따라갔다. 재미있는 표현 같지만, 나는 나의 세부 살이를 그렇게 표현하고 싶다. 현실로 나타내고 싶은 것을 의식에서 먼저 상상으로 만들어야 현실에서도 따라 나타난다.

　하지만 반대되는 경우도 있다. 바라던 일이 현실이 되기 직전 단계에 있지만 현실로 드러내는 것에 실패한 경우도 있다.

　세부에서 공저를 썼다. 나는 세부 살이 시작당시 세부에 대한 책이 없었던 아쉬운 기억이 있었기 때문이다. 세부에 많은 교민들이 살고 있다. 하지만 세부에 대한 책들은 많지 않았다. 물론 전혀 없는 것은 아니지만 쉽게 접근할 수 있는 소소한 일상과 정보를 담은 책들이 없었다. 그래서 나는 생각했다.

　'내가 세부 살이를 시작한다면, 세부에 대한 이야기를 쓰겠다. 정착이야기나 소소한 일상이야기, 아는 선에서 책을 써서 사람들과 공유해야겠다.'

　처음의 그 생각대로 혼자서 나의 경험을 토대로 원고를 완성했다. 현재 그 원고는 출간을 한 상태이다. 그 즈음에 공저 작업도 하고 있었다. 나는 필리핀 세부에서, 이제 겨우 1년 살았지만 나보다 더 오래 산 사람들과 함께 공저를 써야겠다고 세부 살이 초창기부터 생각했다. 오랫동안 세부에서 산 사람들은 더 많은 정보와 에피소드가 있을 것이란 생각 때문이다. 하지만 출간되지 못했다. 아쉽게도 원고를 다 썼음에도 불구하고 계약으로까지 가지 못하게 되었다.

　함께 공저를 쓴 엄마들이 출간에 대한 열정, 작가가 되고 싶다는 의식이 좀 더 강했다면 어땠을까? 그 공저의 출간은 현실이 되었을 것이다. 원고는 완성이 되었지만 그것은 세상의 빛을 보지 못했다. 처음으로 함께 글을 쓴 엄마들은 작가로서의 의식이 조금은 약했다고 생각한다. 내가 감히 작가가 될 수 있을까? 원고를 마무리했지만 갑자기 두려움을 느끼는 듯했다. 그 원고로 인해 만일의 하나 생길 수 있는 부정적인 일들에 대한 염려를 더 크게 생각하는 듯했다. 책 출간을 무의식적으로 거부하게 된 것이다. 만약, 작가의식을 제대로 가지고 있었다면 그런 부정적인 생각들에 자신들을 내버려두지는 않았을 것이다. 그렇게 되었다면, 그들은 지금 작가로서의 삶을 살 수 있고, 독자들에게는 그 무엇보다도 값진 정보들을 제공할 수 있었을 텐데, 아쉽게 되었다.

책 쓰기를 성공하기 위해서는 작가의 의식을 먼저 가지는 것은 중요하다. 왜냐하면 모든 세상의 성과물들은 자신의 소망, 꿈, 사고, 의식, 정신적인 열망들이 먼저 생기고 난 후에 뒤따라오기 때문이다. 책 쓰기도 예외가 아니다. "나는 작가이다." 라고 스스로 선포해보자. 책 쓰기도 훨씬 수월하게 느껴지고 남 일이 아니라 내 일처럼 느껴질 것이다.

내가 인생 첫 책을 쓸 때 함께 책 쓰는 사람은 서로 작가라고 불렀다. "나 작가", 지금은 아무렇지도 않지만 그때는 너무나 쑥스러웠다. 내 옷이 아닌 남의 옷을 입은 듯이, 그 호칭이 너무나 어색하게 느껴졌다. 하지만 시간이 지날수록 그런 감정들이 무디어졌다. "나

작가'라는 호칭이 자연스럽게 느껴졌다. 특별할 게 없이 자연스럽게 느껴졌다는 것은 그 호칭이 나의 뇌리에서 거부반응을 일으키지 않는다는 의미이다.

혼자서 스스로 자신에게 '작가'라고 불러라. 만약 주변에 같이 책 쓰는 사람이 없다면 스스로 불러도 된다. 누군가가 불러서 그것이 익숙해졌듯이 그 누군가가 자기 자신이어도 되는 것이다. 그렇게 하다보면 '작가'라는 호칭이 다른 사람이 불러 익숙해지듯이 자연스럽게 느껴진다. 그렇게 작가의식을 가질 수 있다.

작가의식을 가지고 있으면 책 쓰는 것도 조금은 만만하게 여겨진다. 작가의 하는 일이 글 쓰는 것이다. 나는 작가이기 때문에 글 쓰는 것이 어렵지 않다, 라고 스스로 인지한다. 어떤 글을 써도 좋다. 작가가 매일 글을 쓰듯이 나도 매일 어떤 글이라도 상관없이, 일정한 시간, 일정한 장소에서 자판을 두드려보자. 작가처럼 생각하고 작가처럼 행동한다면 작가가 되는 것은 당연하다. 시간만이 필요한 것이다. 사람마다 시간의 차이는 있겠지만 작가가 되는 것은 두말할 필요가 없다.

책 쓰기를 하고 싶은 사람은 스스로 작가라는 의식을 가져야 한다. 그렇다면, 책 쓰기는 좀 더 쉬워진다. 세상의 많은 성과물들에는 그것들이 현실로 나타나는 의식이 먼저 있었다. 의식이 먼저 하지 않는다면 소망한 것이 현실로 다가왔다 하더라도 그것을 받아들이지 못하는 경우도 있다. 마음속으로 간절히 원하는 것이었지만 그것을 받아들일 의식의 성장이 없기 때문에 결국은 여러 가지 이유를 들어서 성취자체를 거부하게 되는 것이다. 그것은 어쩔 수 없는 당연한 결과이다. 정말 책 쓰기를 하고 싶다면, 한 권의 책을 출간해서 인생에 놀라운 혁신의 바람을 일으키고 싶다면, 먼저 자신이 작가라는 것을 받아 들여야 한다. 나는 작가이다, 라고 스스로 인정하고 그것이 나의 무의식이 된다면 원고를 완성하고 계약하고 한 권의 책을 출간하는 그 과정이 그리 어려운 일이 아니게 된다. 그렇게 실제 작가가 되는 것이다. 세상의 모든 일은 의식이 먼저 가고 결과물이 따라온다는 진리를 받아들이고 나는 이미 작가이다, 라고 믿어버리자.

책 쓰기 시작, 두려워하지 마라

—

아닌 것 같지만 책 쓰기 시작에 대한 두려움을 사람들이 가지고 있다. 책 쓰기에 대한 간절한 열망을 가지고 있지만 시작을 잘 못하는 것이다. 두려운 나머지 시작도 하기 전에 아예, 마음을 접어 버리는 것이다.

"오늘 당신의 마음을 지배하고 있는 생각이 내일의 당신을 결정한다."

이렇게 나폴레온 힐이 말한 명언처럼, 지금 당신의 마음을 지배하는 책 쓰기의 두려움으로 당신은 책 쓰기 시작을 못하게 된다. 마음에서 그 두려움을 걷어내자. 책 쓰기 하다가 실패해도 괜찮다. 처음 하는 것이니, 잃을 것이 없다. 자신감을 가지고 그 두려움은 잠시 내

려놓아도 된다.

책 쓰기 시작을 못하고 두려워하는 이유는 여러 가지로 생각해볼 수 있다. 우선 가장 먼저 말할 수 있는 것은 책 쓰기를 해보지 않았기 때문이다. 처음 하는 것은 모든 것이 기대 반, 두려움 반이 있다고 할 수 있다. 책 쓰기도 마찬가지이다. 이왕이면 긍정적인 곳에 나의 마음을 내주는 것이 두려움을 극복할 수 있는 방법이 된다.

세부에 오기 전에 나는 많이 두려웠다. 젊은 나이도 아니고, 영어를 잘하는 것도 아니다. 그렇다고 기계와 익숙해서 모르는 것을 인터넷으로 찾아서 해결한다거나, 스마트 폰 사용이 원활해서 그것을 통해 외국생활에 도움을 받을 수 있는 능력도 부족했다. 그럼에도 불구하고 세부라는 해외 살이를 도전할 수 있었던 것은 아이와의 추억 만들기, 새로운 세계의 경험, 영어권의 문화에서 푹 빠져 살아보고 싶다는 열망에 집중했기 때문이다. 세부 살이 하면 안 되는 이유보다 세부 살이를 함으로써 얻게 되는 많은 이점들로 나의 마음을 채웠다. 정말 나폴레온 힐의 말처럼 내 마음을 채운 긍정적인 이유들이 오늘의 세부 살이가 있게 만들었다. 지금 나는 생각한다. 만약 세부 살이 하지 않았다면 지금 시점에서 얻지 못하고 잃는 것이 너무나 많았겠구나, 라고 말이다. 세부 살이 내 인생에 없었다면 잃는다는 생각자체도 못했을지도 모른다. 하지만 인지를 못할 뿐이지, 실제는 많은 것을 얻었을 수도 있었는데, 얻지 못하는 것이다.

책 쓰기도 마찬가지이다. 인생에서 책 쓰기를 하지 않는다면 얻을 수 있는 많은 이득을 놓치게 되는 것이다.

책 쓰기가 두려운 두 번째 이유는 책 쓰기를 글쓰기라고 생각하기 때문이다. 물론 책은 글을 써야 만들어진다. 하지만 글쓰기만큼 그렇게 어렵게 생각할 필요는 없다. 책 쓰기 자체는 하나의 기술이다. 기술인 분야들은 그 기술을 배우면 어느 정도 수준으로는 그 기능을 익히고 삶에서 활용할 수 있고 즐기면서 살 수 있다. 책 쓰기가 딱 그렇다고 볼 수 있다. 하지만 사람들은 이것을 잘 모른다. 이 사실을 인지하고 몸으로 느낄 기회를 갖기 전 책 쓰기를 포기하기 때문이다.

나는 스케이트를 타지 못한다. 특별히 관심도 없다. 하지만 집근처에 어울림 누리 체육센터가 있어서 아이들을 스케이트 강습에 등록하게 되었다. 아이들은 처음에는 하지 않겠다고 이야기했다. 운동 하나는 자기가 좋아하는 것이 있어야 한다고 평상시 생각을 했기 때문에 일단 스케이트를 배우라고 아이들에게 권했다. 그리고 대형 스케이트장이 코앞에 있는데, 환경적 좋은 여건을 활용하자고 아이들을 달랬다. 결국 아이들은 엄마의 회유와 권유로 스피드 스케이트 강습을 시작하게 되었다. 처음 몇 달은 힘들어 하더니, 어느 정도 스케이트 기술이 몸에 익자, 아이들은 점점 좋아하게 되었다. 내가 생각해도 재미있는 운동이다. 스피드 스케이트를 타고 몸으로 바람을 느끼면서 스피드 있게 타는 스케이트가 스트레스 해소에도 제격일 것 같다.

스케이트도 기술을 배우기 전, 아이들은 두려움으로 거부하고 어려워했지만 기술을 터득하고 재미를 느끼게 되었다. 그리고 그것의 가치를 알게 되면서 스케이트를 더 좋아하게 되었다. 작은 아이는 장래 꿈이 스케이트 선수가 되는 것이라고 한다. 물론 그 꿈은 바뀔 수 있지만 꿈으로 정할 정도로 스케이트가 좋아졌다는 것을 알 수 있다. 아이들이 스케이트 기술을 배우고 재미를 느끼고 좋아하게 된 것처럼, 책 쓰기도 마찬가지이다. 책 쓰기 방법을 배운다면 생각만큼 어렵지 않게 책을 쓸 수 있고, 그 매력에 점점 빠져들게 될 것이다.

그럼 구체적으로 어떻게 하면 책 쓰기에 대한 두려움을 극복할 수 있을까? 마음을 어떻게 바꾸어야 할까? 이것에 대해 몇 가지 정리해 보고자 한다.

첫째, 책 쓰기 시작 자체가 남는 장사임을 알자.

내 인생 내 책 한권이 주는 가치는 크다. 삶의 라이프스타일 자체를 바꾼다. 나는 《하루 한권 독서법》을 출간한 이후 삶이 바뀌었다. 바쁘게만 사는 삶에서 나의 삶에 대한 의미를 생각하면서 살게 되었다. 내가 앞으로 무엇을 해야 하는지 간절한 인생 목표도 생겼다. 목표가 생기니, 매일 하루하루가 소중하고 함부로 허투루 시간을 보내지 않게 되었다. 인생 목표가 너무 소중하게 느껴져서 생활

자체가 변하게 된다. 그래서 더욱 읽게 되고, 더욱 쓰는 생활을 하게 된다. 아이들에 대한 미래도 설계해본다. 인생 소중한 것을 발견했기 때문에 좋은 것을 아이들에게도 가르치고 싶다는 생각을 한다. 책 한권으로 인해 나 자신은 물론이고 자식, 남편, 주변 지인들까지 긍정적인 영향을 주게 된다. 또한, 사람들이 나로 인해 동기부여 받고 긍정적인 삶의 변화를 느끼게 된다면 나에게 경제적인 부도 함께 따라올 기회는 얼마든지 있게 된다.

책 쓰기는 이런 가치 있는 일을 시작하는 것이다. 시작이 반이란 말도 있듯이 시작하면 언젠가는 책 한권 가슴에 안고 혁신적인 삶의 변화를 만들 수 있다. 그렇기 때문에 책 쓰기 시작 자체가 남는 장사가 되는 것이다.

둘째, 책 쓰기 실패해도 쓴 만큼 실력은 늘었다고 생각해라

처음부터 잘하는 사람은 없다. 시행착오를 거쳐서 하게 된다. 마음은 단번에 이루고 싶겠지만 인생살이가 그렇지 않다. 책 쓰기도 마찬가지이다. 시행착오가 반드시 필요하다. 하지만 시행착오를 통해서 조금씩 성공의 길로 나아간다. 일시적 실패인 시행착오, 그것을 완전한 실패로만 인식하지 않는다면 실력은 점점 좋아져서 책 한권을 쓸 수 있게 될 것이다.

셋째, 책 쓰기 실패해도 잃는 것은 없다는 것을 인지해라.

책 쓰기, 혹시 중간에 실패하더라도 괜찮다. 시간과 에너지, 노력을 투자했는데, 아까울 수도 있지만 사실은 한 만큼 남는 것이 책 쓰기이다. 그렇게 노력한 그것은 나의 실력으로 내 안에 그대로 남아 있다. 언젠가는 그것이 한 권의 책을 쓰는 씨앗이 될 것이다. 책 쓰기 중간에 포기해도 괜찮다는 생각을 하자. 상황이 여의치 못해서 잠시 포기하는 상황이 발생할 수도 있기 때문이다. 그렇게 시작할 때는 마음의 여유를 가지고 시작해도 된다.

책 쓰기 시작, 두려워하지 마라. 두려움을 가지고는 조금도 앞으로 나갈 수가 없다. 두려움 때문에 잃는 것들을 생각해보자. 두려움으로 책 쓰기 시작을 못한다면 한 권의 책 출간의 기회는 내 인생에서 사라진다. 한 권의 책이 우리의 삶에 주는 가치는 놀랍다. 삶의 큰 변화가 책 한권으로 이루어진다. 책 한권으로 인생을 어떻게 살아야 하며, 어디에 가치를 두고 살아야 하는지 알게 된다. 그리고 인생 목표를 정해서 그것을 향해 오늘도 매진하는 시간을 가지게 된다. 한 권의 책이 있기 전에는 그냥 바쁜 삶이 전부였다고 한다면 이제는 나의 태어난 천성대로 그것을 향해 즐겁고 행복한 마음으로 살아가게 될 것이다. 하는 일이 즐겁고 행복하니, 긍정적인 삶의 효과들이 여기저기에서 나타난다. 이것이 진짜 삶이다. 이제 두려움을 극복하고 책 쓰기에 도전하자. 그래서 당신이 그렇게 열망하는 책 한권으로 멋진 삶을 살길 바란다.

시작하지 않고 얻는 것은 세상에 없다

—

처음 책 쓰기 할 때가 생각난다. 2017년 10월 즈음, 책 쓰기를 시작하고 싶은 강한 열망이 생겼다. 그 전까지는 독서의 한 주제로서 책 쓰기 방법에 대한 책들을 찾아서 읽었다. 책 쓰기 방법에 대한 내용들이 책에 자세히 나와 있다. 그대로 하면 된다. 하지만 머리로는 되는데, 행동으로 실천하기가 쉽지 않았다.

'어떻게 하면 될까? 책에 나오는 대로 그렇게 하면 될까? 그래도 자신이 없어.'

잡다한 생각만 많을 뿐 책 쓰기를 실제 행동으로 옮기지 못했다. 그래서 생각한 것이 직접 멘토를 찾아 나서는 것이었다. 나보다 먼저 책을 쓴 사람을 만나 직접 그 사람들의 말을 들어보는 것이다. 작가를 직접 보고, 그들이 말하는 음성으로 동기 부여받고 책 쓰기를 시작하자, 라고 마음먹었다. 혼자서 도저히 시작을 하기 어렵다면 이 방법밖에 없다고 생각했다. 그래서 나는 멘토를 만나러 갔다. 멘토를 만나러 간 그것이 나의 책 쓰기 시작이 되었다. 결국 나는 시작했기에 그 일을 끝낼 수 있었고《하루 한권 독서법》이라는 책을 출간하게 되었다.

세상의 모든 성취에는 시작이 반드시 있다. 시작이 없는 성취는 이 세상에 없다. 하지만 시작이 어렵다. 새로운 것을 한다는 의미가 전제되어 있다. 새로운 것, 그 동안 내 삶에 없던 일, 그 동안 나의 생활에 없었던 그 일이 쉬울 리가 없다. 하지만 가치 있는 그것을 얻기 위해서 나는 과감히 시작해야 한다. 시작이 되어야 그것이 나의 생활로 나의 삶으로 들어와서 나 자신과 나의 삶을 더욱 긍정적으로 변화시킨다.

자다가도 깨어나면 드는 생각이 있다. 시작하지 않았다면 이 소중한 것을 얻지 못했을 거야, 라고 아찔하게 느끼는 것들이다. 그것은 바로 책 쓰기와 세부 살이다. 내가 책 쓰기와 세부 살이를 시작하지 않았다면 나는 지금 얻고 있는 많은 경험과 깨달음, 새로운 배움을 얻지 못했을 것이다.

책 쓰기를 통해서 내가 얻은 것은 무엇일까? 살면서 다양한 경험을 했지만 책 쓰기 경험은 다른 것과 비교할 수 없을 정도로 특별하고 대단했다. 이것으로 많은 것이 변화되었다. 그전에 어떤 경험보다 소중한 경험이다. 생각, 행동 모든 생각, 행동 모든 면에서 책 쓰기로 인해 변화되었다. 변화된 것은 구체적으로 다음과 같다.

첫째, 삶이 소중하다는 것을 알게 되었다.

삶에 대한 가치를 책을 쓰면서 제대로 알게 되었다. 책 쓰기는 나의 삶, 나의 경험으로 쓴다. 삶과 경험으로 얻은 나의 메시지를 경험과 함께 잘 버무려 한 챕터 한 챕터 채워간다. 그렇기 때문에 나의 경험, 나의 삶 자체가 아주 소중하게 여겨진다. 이 자체만으로도 소중한 깨달음이다. 나의 하루하루가 소중한 삶이라는 생각의 전환과 함께 나는 하루를 더욱 값지게 살려고 노력하게 되었다. 해보지 않는 일이라도 도전해보게 되고, 도전해서 알게 된 새로운 깨달음을 기록으로 남긴다. 그것이 또 다른 책 쓰기의 씨앗이 된다.

둘째, 역시 새로운 영역을 배울 때는 역시 멘토가 중요하다는 것을 인지하게 되었다.

멘토의 중요함을 알게 되었다. 그 멘토의 역할을 하는 것이 책이 될 수도 있고, 작가가 될 수도 있다. 하지만, 인생의 첫 책 쓰기일 때는 직접 조언을 듣는 것이 필요하다. 먼저 경험하고 깨달은 사람들의 그 지식과 지혜는 새로운 것에 대한 저항감을 줄이고 쉽게 그 영역에 진입할 수 있도록 돕는다. 새로운 영역 진입 저항감이 너무 크다면 포기할 수도 있다. 또한 혼자서도 하는 사람도 있겠지만 멘토를 통해서 도움을 받는다면 시간 또한 벌 수 있다는 장점이 있다. 인생이 유한하고 할 일은 많다. 혼자서 에너지 소모하는 그 시간을 아껴 더 많은 책을 쓰는데 투자하는 것이 좋다. 책을 쓰고 보니, 왜 진작 책을 쓰지 않았는지 후회가 된다. 마음만 먹으면 얼마든지 멘토를 만날 수 있다. 멘토마다 동기부여 방법도 여러 가지이다. 첫 책 쓰기를 할 때는 멘토를 최대한 활용하는 것이 지혜로운 일이라고 지금은 강조한다.

셋째, 계속 인생수준이 업그레이드되고 있다.

삶의 수준을 업그레이드하는 최고의 방법은 읽고 쓰는 것이다. 읽으면서 내가 모르는 것들을 알게 되고, 쓰면서 내 걸로 만들어 그것을 나의 삶에 적용시킬 궁리를 한다. 그리고 그 궁리를 통해 삶이 변화된다. 쓰면서 나의 삶을 계획할 수 있어 책 쓰기는 삶을 변화시킬 수밖에 없다.

넷째, 남들로부터 인정받고 나 스스로 자존감이 높아진다.

책 한권 출간이 어떤 자격증보다도 전문성을 인정받는다고 한다. 사실 책 한권을 쓰기 위해 많은 책을 읽게 된다. 그렇기 때문에 책을 쓰면서 전문가의 수준으로 알게 되기 때문에 그런 이야기를 하는 것이라 생각한다. 그러므로 작가는 쓰는 주제가 하나씩 늘어날 때마다 전문영역이 늘어난다고 할 수 있겠다. 어느 곳에 가더라도 '작가님'이란 소리를 듣고 전문가로 인정받을 수 있어 자존감은 절로 올라간다. 또한 작가는 대우받은 만큼 그 기대에 부응하기 위해 더 많이 읽고 배우며 실력을 쌓기 위해 노력하게 된다.

다섯째, 나는 지금도 성장하고 있다.

쓰는 것은 나의 과거를 되돌아보는 과정이다. 과거의 삶을 다시 생각하고 반성하게 된다. 과거에 부족한 부분, 안타까운 부분을 되새기면서 현재에 어떻게 살아야 할지를 생각한다. 또한 쓰면서 부족한 부분에 대한 자각을 하게 된다. 내가 무엇이 부족한지를 알게 되면 그것을 채우기 위한 행동을 하게 된다. 이렇게 자신의 부족한 부분을 채우면서 빠른 속도로 성장해 가게 된다.

도전하지 않았다면 큰일 날 뻔 했다고 생각하는 또 하나의 일은 세부 살이이다. 세부살이는 나에게는 아주 특별한 시간이었다. 세부 살이를 통해서 내가 얻는 것들은 다음과 같다.

첫째, 나도 해외 살이를 할 수 있다는 자신감이 생겼다.

해외 살이는 항상 버킷리스트 중 하나였다. 20, 30년 전부터 해외 살이는 해보고 싶은 일이었다. 하지만 나에게 기회가 닿지 않았다. 그런 해외 살이를 나이가 들어서 했다. 하지만 지금 하는 해외 살이가 좋다. 어느 정도 나이가 있으니, 좀 더 안전하게 해외 살이를 할 수 있다. 한국의 문화와 다르고 모든 것이 다른 이 곳에서 한국보다는 좀 더 신중하고 조심해야 할 부분도 많은데, 그런 점에서 나이가 들어서 하는 해외 살이도 괜찮다는 생각이다. 나이 들어 자신감이 떨어지기도 하는데, 해외 살이를 하면서 새롭게 에너지가 충전되고 젊어지는 듯한 느낌도 가질 수 있어 좋다. 해외라는 환경이 자신감과 새로운 에너지를 채워준다.

둘째, 원 없이 책 쓰기 해봤다.

나는 아이들이 학교간 사이 집에서 책 쓰기를 한다. 아이들이 돌아올 때까지 하루 6시간 이상을 쓴다. 한국에서는 도저히 불가능한 일이다. 직장 맘이라서 그렇기도 했지만 일단, 한국에서는 갈 곳, 만날 사람이 많기 때문에 진득이 앉아서 글을 쓰기가 쉽지 않다. 하지만 이 곳 세부에서는 아는 사람도, 갈만한 곳도 제한되다 보니, 원 없이 내 맘껏 쓰게 된다.

셋째, 영어에 대한 감을 조금은 잡게 되었다.

영어울렁증이 있었다. 한국 사람들 대부분 가지고 있는 병이다. 하지만 세부에서 매일같이 영어를 듣다보니, 울렁증이 없어졌다. 어쩌다가 영어를 들었을 때 생기는 병이 영어울렁증인데, 매일 듣다보니, 자동 사라지게 되는 것이다. 그리고 살기 위해서 영어를 들으려고 애를 쓰다 보니, 그것이 집중 듣기가 되었고, 이런 시간이 많아지면서 영어에 대한 감을 잡게 되었다. 이 얼마나 뿌듯한 일인가? 영어울렁증이란 고질병도 고치고 덤으로 영어에 대한 감까지 얻었으니 소원 성취한 것이다.

넷째, 아이들도 영어에 대한 필요성을 온 몸으로 느끼게 되었다

나의 아이들은 영어가 무엇인지도 모르고 세부에 왔다. 외국이란 곳에서 영어는 살기 위한 수단이기에 아이들도 영어만 말하는 학교

환경에서 살기 위해 하나하나 배워나갔다. 영어는 시험을 보기 위한 것이 아니라, 생활하기 위해서 필요한 최소한의 것이란 것을 뼈저리게 느끼게 되었을 것이다.

다섯째, 내 인생, 선택의 폭이 넓어졌다

이제 나는 한국에서만 살지 않아도 된다는 사실을 알게 되었다. 나이가 들어서 살 수 있는 곳으로 한국 외에 세부라는 곳도 선택지가 된 것이다. 나이가 들어서 뿐 아니라, 내가 어떤 일을 할 때 한국 플러스 세부가 된 것이다. 이런 점에서 세부 살이는 나에게 큰 것을 안겨다 주었다고 할 수 있다.

책 쓰기, 세부 살이 나는 시작했기 때문에 많은 것을 얻었다. 시작하지 않았다면 정말 평생 죽을 때까지 그것의 가치를 알지 못했을 것이다. 더 슬픈 일은 그 귀한 것을 놓쳐도 아깝다는 사실 자체를 못 느꼈을 것이다. 왜냐하면 모르기 때문이다. 책 쓰기가 인생을 얼마나 긍정적으로 변화시키는지, 세부 살이가 얼마나 큰 선물을 내 인생에 안겨다 주었는지 모를 것이다. 책 쓰기 하나만이라도 이제 놓치지 말자. 충분히 할 수 있다. 시작만 일단 해보자. 시작하고 중간에 중단해도 괜찮다. 과감히 시작하고 그 동안 못해봤던 정말 멋진 것들을 가질 기회를 갖자. 자, 이제, 시작하지 않고 얻는 것은 세상에 없다, 란 문구를 가슴에 새기고 책 쓰기, 일단 시작해보는 거다.

책 쓰기 전, 나는 필사부터 했다

—

필리핀 세부에서 세부 살이를 할 때였다. 1년 정도 시간이 지나도 영어실력은 생각만큼 잘 늘지 않는다. 아이들보다는 엄마들의 영어는 더 그렇다. 아이들은 하루 8시간씩 학교에서 영어로 수업을 받으면서 영어에 푹 빠지는 환경이 조성되지만 엄마들은 그렇지가 않기 때문이다. 현지인들과 계속 어울리는 직업을 갖든지, 아니면 사업을 하는 경우에는 영어에 계속 노출이 되겠지만 아이 뒷바라지만 하면서 주로 집에 있는 엄마들인 경우 시간이 지나도 영어 실력에는 크게 변화가 없다.

그래서 나는 영어공부 방법으로 아이들의 튜터 시간을 활용하기로 했다. 아이 튜터할 때, 같은 장소에 있으면서 귀동냥하는 것이다.

이렇게 한 이유는 그래도 현지에서 영어를 들을 수 있는 가장 긴 시간이 튜터 시간이고, 이것이 내가 제대로 된 영어를 접할 수 있는 유일한 시간이 될 수 있기 때문이었다. 사실 집에서 혼자서라도 영어 공부를 할 수는 있다. 영어책을 읽고, 현지인들이 많이 사용하는 단어들을 찾아서 공부하고 기록으로 남기며, 듣기 시간을 스스로 만들 수 있다. 하지만 그렇게 하기가 쉽지 않다. 필리핀에서도 엄마들은 바쁘기다. 특히 여기에는 수시로 학교준비물이 있다. 그리고 아이들 먹는 것 챙기고, 반찬하고, 청소하고, 등, 엄마로서 역할은 오히려 한국보다 더 바쁘다고 할 수 있다. 만약 차가 없는 상황이라면 더욱 시간과 노력을 투자해야 한다. 그렇게 움직이다 보면 아이들 돌아오는 오후 4시쯤 되면 피곤해진다. 그러니 따로 영어공부시간을 만든다는 것이 어렵다. 그래서 나는 내가 특별히 노력하지 않아도 영어를 쉽게 접할 수 있는 유일한 시간, 튜터 시간에 나의 귀를 영어에 노출시키자고 결심을 한 것이다.

튜터는 아이들 학교가 끝나고 오후에 하는 개인 영어수업이다. 학교에서 영어에 노출되지만 그래도 일대일 영어공부가 필요하다. 아무래도 영어에 더 빨리 적응하고 아이들 학교 생활하는데도 도움이 되기 때문에 현지 교민들 대부분은 아이들 튜터를 시키고 있다. 우리 아이들 튜터 공부는 1층 거실에서 하는데, 주로 식탁을 이용한다. 그리고 나는 소파에 앉아서 노트북으로 나의 일을 하면서 영어를 듣는다. 그렇게 하다 보니, 확실히 도움이 된다. 튜터는 아이를 대상으로 영어를 말하기 때문에 최대한 쉽게 이야기를 한다. 그리고 그것을 계속 반복해서 말한다. 주로 학교 교과서를 교재로 사용하는데, 학교 교과서를 가르치면서 중간 중간 현지인이 많이 사용하는 언어들을 사용하기 때문에 생활영어를 익힐 수 있다. 현지인들이 사용하는 언어, 아주 쉬운 문장이지만 귀에 안 들리던 그 현지 영어를 튜터를 통해서 그대로 들을 수 있다. 쉽게 말해서 그들이 많이 사용하는 단어를 알게 되고, 현지 영어를 배운다는 점에서 좋다. 하루에 1시간 30분씩 반복해서 듣게 되고 또 반복적으로 노트북에 기록도 하면서 나 자신을 노출시키다 보니, 조금씩 현지영어에 익숙해졌다.

특별한 기능을 익히고 몸에 숙달하기 위해서는 그 일을 매일 하는 것이 중요하다. 현지 영어를 배우기 위해서는 현지 영어를 일단 들어야 한다. 듣고 말하고 읽고 쓰는 과정이 순차적으로 진행되면서 현지영어를 완전히 내 것으로 만들 수 있다. 그 전에 무조건 영어를 나의 생활에서 반복적으로 해야 하는 것이다. 그것처럼, 책 쓰기도 마찬가지이다. 책 쓰기를 쉽게 하기 위해서는 일단 글이란 것을 써야 한다. 글쓰기시간을 매일 가져야 한다. 영어듣기 1시간 30분씩 매일 하였듯이, 글쓰기도 일정한 시간, 일정한 분량 목표를 세워서 매일 해야 한다. 그래야 그 전, 나에게 없던 책 쓰기 능력이 생기게 된다.

나의 인생 첫 책《하루 한권 독서법》을 쓰기 전, 나는 글쓰기를 시도했다. 사실 그 전에 글과는 담을 쌓고 살았기 때문에 자신이 없었다. 어떻게 쓰면 되는가? 물론 책을 통해서 어떻게 써야하는지 이론상으로는 알고 있다. 서론-본론-결론의 흐름을 가지고 A4 2장을 쓰면 된다. 말이 쉽지 막상 하려고 하니, 서론을 어떻게 쓰고, 본론에는 또 무엇을 쓰며, 결론은 어떻게 유의미하게 여운을 남기면서 마무리를 하는 것인가? 책에 있는 내용은 그림의 떡처럼 나에게 의미 없는 가르침이 되었다. 그래서 일단 써보기로 마음먹었다. 죽이 되던 밥이 되던 쓰는 것이 정답일 것 같은 막연한 느낌이 들었다. 어느 날 책에서 본 문구일수도 있다. 무조건 글은 써야한다. 되든 안 되든 쓰면서 글은 익힌다, 라는 문구들, 책에는 많이 있는 내용들이다. 간절한 상태에서의 나는 이 문구들을 제대로 이해하고 받아들이게 된다.

하지만, 큰 맘 먹고 글쓰기 시도를 했지만, 도저히 쓸 수가 없었다. 일기는 써 봤다. 대학 때 기숙사생활을 했기 때문에 답답한 마음을 글로 써내려갔었다. 특별한 형식도 없었다. 그런 일기는 써 보라고 누군가 이야기한다면 쓸 수 있겠다. 하지만 지금은 다른 사람이 보는 책을 쓰는 것이다. 그 연습을 해야 하는데, 최소한 서론-본론-결론에 맞추어서 써야하는 데, 이것이 생소하고 쉽지 않게 느껴진다.

그래서 결국 나는 필사를 하게 되었다. 이가 없으면 잇몸으로 음식을 먹는다는 말처럼, 혼자서 글 쓸 자신이 없으니까, 필사를 생각하게 된 것이다. 신기한 노릇이다. 그 누군가 가르쳐 주지 않았다. 그 당시, 내가 필사를 생각한 간절한 이유 하나는 단지 글을 써야 한다는 그 사실, 그 절실함, 한 가지 때문이었다. 내 글이든, 남의 글이든 어쨌든 간에 글쓰기를 해야 나는 책 쓰기도 할 수 있다고 생각했다. 지금 돌이켜 생각하니, 정말 잘한 생각이었고, 잘한 행동이었다. 나의 잠재의식이 간절한 나의 목표를 달성하도록 길을 안내한 것이라 생각한다. 필사를 통해서 나는 많은 것을 느끼고 배울 수 있었다.

필사를 하면서 서론-본론-결론 쓰는 것에 대한 감을 잡았다. 책만 읽을 때와 책을 보면서 실제 필사를 하는 것은 천지차이이다. 예를 들어 테니스를 배우는데, 테니스 책만 열심히 공부하는 것과 책을 읽으면서 직접 테니스 라켓으로 공을 네트에 넘겨보는 것과는 천지차이인 것과 같다. 책은 머리로 테니스 치는 방법을 익히는 것이고 직접 라켓 들고 공을 치는 것은 몸으로 테니스 치는 것을 익히는 것이다. 책 쓰기도 마찬가지로, 책 쓰기를 주제로 한 책을 반복해서 읽으면서 직접 필사를 하는 것이 필요한 것이다. 직접 자신의 글을 처음부터 써도 좋지만 그래도 기성작가들이 어떻게 한 챕터의 글을 완성했는지 필사를 해보면 스스로 느끼는 것도 있고, 여러모로 많이 배우게 된다. 그래서 글을 잘 쓰는 사람이라 하더라도 본격적인 책 쓰기를 하기 전에 필사를 하기를 나는 권한다.

책 쓰기를 제대로 배우는 방법은 필사이다. 필사를 통해서 매일 쓰면서 1꼭지쓰기에 대한 깨달음을 가질 수 있다. 남의 글을 쓴다고 해서 발전이 없는 것이 아니다. 모든 창조물은 모방에서부터 시작된다고 했듯이, 모방을 통해서 제대로 익히게 되고, 또한 새로운 창작물도 만들 수 있는 것이다. 글쓰기 또한 마찬가지로, 남의 글을 통해서 더 잘 배우게 되고, 그것이 발단이 되어 새로운 구조로 나만의 개성 있는 글을 쓸 수 있다. 그래서 처음에는 다른 생각하지 말고 그냥 필사부터 하는 것이 중요하다고 말하고 싶다.

필사는 나에게 궁한 상태에서 스스로 발견한 특별한 아이디어였다. 필사에 대한 조언을 그 당시 나는 듣지 못했었다. 만약 처음 책을 쓰는 사람에게 필사의 중요성을 강조하거나 힌트라도 주었더라면, 첫 책을 쓰는 사람들은 조근 더 쉽게 책 쓰기에 접근하게 될 것이며, 중도에 포기하는 사람도 줄어들었을 것이다. 이 점이 나는 안타깝다. 내가 직접 해 봤기 때문에 필사의 좋은 점을 잘 알게 되었다. 필사를 한다면, 책 쓰기 남의 일처럼 이제 생각하지 않아도 된다. 필사를 하는 시간이 길어질수록, 책 쓰기에 대한 방법을 몸으로 익힘은 물론 책 쓰기에 자신감도 가지게 될 것이다. 필사는 책 쓰기 전에도 책 쓰는 중에도 언제나 할 수 있어야 한다. 책 쓰기 중간에도 글이 잘 안 써진다면, 내 글 대신 남의 글을 쓰는 것이다. 이렇게 내가 필사를 통해서 한 권의 책을 완성했듯이, 이제는 당신 차례가 되었다. 필사하고 간절히 원한 당신의 책을 써내길 진심으로 응원한다.

PART. 2

필사를 꺼려하는 무의식적 이유

베껴 쓰는 것이기에 얻는 것이 없다

—

최근 아이가 열중하는 일이 있다. 그림 그리기이다. 아이가 그리는 방법은 자기가 좋아하는 만화책을 펴놓고 따라 그리는 것이다. 더 어렸을 때는 혼자서 그리고 싶은 것을 그렸었다. 동그라미도, 직선도, 자기 마음 내키는 대로 그렸다. 그러다가 어느 시기부터 따라 그리기 시작했다. 만화책의 멋진 그림들을 보면서 자신도 그리고 싶은 마음이 생겼을 것 같다. 멋진 그림을 자신도 그리고 싶다는 욕구로 인해 본능적으로 따라 그리기 시작했고 아이는 하루하루가 다르게 그림 솜씨가 좋아졌다. 지금은 닥치는 대로 따라 그린다. 하루는 핸드폰을 달라고 하더니, 핸드폰에 있는 게임 캐릭터를 하나하나 그려 나갔다. 노트 한 권에 아이가 그린 그림으로 가득 찼다. 그 노트북을 펼쳐보니, 첫 장의 그림에 비해 뒤로 갈수록 그림이 섬세해지면서 구체적이고 사실적이 되었다. 베껴 그리기 시작하면서 그림 실력이 월등히 좋아졌다. 베껴 그리기가 제대로 공부가 된 것이다.

새벽기상 습관을 들이기 위해 나는 새벽수영을 등록했다. 세상에서 가장 좋아하는 것 중 하나가 나에게는 잠이었다. 새벽잠을 포기하고 새벽기상을 해야겠다고 결심하고 새벽수영을 도전하게 되었다. 새벽수영, 정말 새벽기상을 시도하기 전까지는 몰랐던 새로운 세계가 펼쳐졌다. 새벽 6시에서 7시까지 수업이니까 5시 30분에는 수영장 주차장을 가게 되었다. 와우~! 수영장 주차장이 새벽 노량진 수산시장인 줄 알았다. 사람뿐 아니라 차들이 빽빽이 들어서 있어, 주차할 공간이 없었다. 좁은 주차장도 아니다. 시에서 운영하는 수영장이다 보니, 주차장도 넓다. 그런데도 조금만 늦으면 주차할 공간이 없어, 주차장 밖, 도로가에 주차해야 한다. 새벽수영 등록으로 새로운 세계를 알게 되었다.

수영강사는 두 부류의 사람이 있다. 어떤 강사는 수영영법을 가르치지만 시범을 잘 보이지 않는 사람이다. 또 다른 강사는 시범을 반드시 보여주는 사람이다. 시범을 보여주지 않은 강사의 밑에서 수영을 배울 때는 수영 실력이 잘 안 는다. 물론 어떤 기술을 배울 때는 스스로의 노력이 가장 중요하지만 이왕이면 좋은 환경이라면 좋은 동기부여와 함께 기술도 빠르게 발전할 수 있다. 내가 다닌 수영장은 6개월에 한 번씩 수영강사가 바뀌었다. 그래서 사람인지라 강사들을 비교하게 되고, 결국 강사에 따라서 가르치는 방법이 많이 다르다는 것을 알게 되었다. 사람이 천차만별이듯이 수영강사의 가르치는 방법도 천차만별인 것이다. 하지만 가장 대표적인 차이는 시범을 자주 보여주는지, 아니면 그렇지 않은 지이다. 시범을 자주 보여주는 강사님 밑에서 배우면 나는 강사의 멋있는 수영 자세를 그대로 따라 배우려고 노력하게 된다. 그래서 더 자주 연습하게 되고 이것이 결국 그 강사님과 비슷한 자세로 수영실력이 향상되는 계기가 된다.

필사하는 것도 마찬가지이다. 필사가 특별한 것이 없는 것처럼 여겨지기도 하지만 실제는 많은 것을 배울 수 있는 시간이 된다. 나는 필사가 시범을 보여주는 수영강사와 비슷하다고 말한다. 시범을 봄으로써 그것이 나의 수영실력의 목표가 되듯이, 필사를 함으로써 나의 글쓰기 목표가 생기는 것이다. 그러면서 더 노력하게 되고 배우고 알게 되면서 글쓰기 실력 또한 향상된다.

베껴 쓰는 것인 필사, 얻는 것이 많다. 필사가 뭐 특별히 좋은 것이 있겠어, 라고 부정적으로 생각하는 사람이 더러 많이 있다. 하지만 나는 말한다. 필사를 한다면, 책 쓰기도 할 수 있다, 라고 강조한다.

어떻게 해서 책 쓰기를 할 수 있게 되는지, 필사의 놀라운 힘, 필사를 통해 얻을 수 있는 것들을 다시 한 번 정리해 보았다.

첫째는, 필사를 하면 긴 글 쓰는 것을 가볍게 시작할 수 있다.

쓰는 것을 하고 싶다면 쓰는 것을 행동으로 옮겨야 한다. 하지만 대부분의 사람들이 워낙 쓰는 것과 거리가 먼 삶을 살아왔다. 물론 짧은 글은 하루에도 열두 번도 넘게 쓰고 있다. SNS활동이 다 짧은 글쓰기이다. 그렇기에 짧은 글은 되는데, 긴 글은 잘 안 된다. 긴 글을 잘 안 써봤기 때문에 당연한 현상이다. 그래서 일단은 긴 글을 써봐야 한다. 그럴 때 가장 좋은 것이 남의 글 그대로 베껴 쓰는 것이다. 글에 대한 특별한 구상이 없어도 쓸 수 있다. 필사가 좋은 이유는 아무 스트레스 없이, 긴 글을 쉽게 시작할 수 있다는 것이다. 남의 글이라도 긴 글을 쓴다는 점은 맞는 것이기에 그것이 나의 긴 글도 쓸 수 있도록 도와준다.

둘째는 글 쓰는 것이 특별하지 않다는 것을 알게 된다.

필사 자체도 글 쓰는 것이다. 필사로 쉽게 글쓰기를 시작하면서 글에 익숙해진다. 익숙해진 것에 대해서는 특별하게 생각하지 않게 된다. 점점 더 만만해진다. 쓰는 것이 만만해지면 더 자주 그것을 하게 된다. 필사를 매일 하면서 쓰는 것이 말하는 것처럼, 특별하지도 않고 자연스러운 일상이 된다.

셋째는 쓰는 실력이 자신도 모르게 좋아진다.

자주 하는 것들은 실력이 좋아질 수밖에 없다. 실력을 키우는 것에 있어서 가장 좋은 비법은 자주 접하는 것이다. 영어실력을 키우기 위해서 1주일 한번 2시간 할 것을 주중 20분씩 나누어서 하는 것이 좋다. 노출 횟수를 늘리는 것이다. 그것이 실력을 향상시키는 최고의 방법이다. 쓰는 것도 필사로 매일 쓰다보면 쓰는 실력이 좋아지지 않을 수 없다.

넷째는 나도 해볼까 하는 자신감이 생긴다.

쓰는 실력이 좋아졌다고 느끼는 순간 쓰는 것에 자신감이 생긴다. 자신감은 또 다른 행동의 시발점이 된다. 물론 쓰는 자신감이니 쓰고 싶어진다. 이제는 자신의 메시지가 담긴 자신의 글을 쓰고 싶어진다. 책도 쓰자는 열망이 생긴다. 이렇게 필사는 우리에게 인생 최고의 도전, 책 쓰기를 시작해보자는 마음을 먹게 만드는 것이다.

남의 글을 베껴 쓴다고 해서 우습게보면 안 된다. 필사의 놀라운 비밀을 알게 된다면 책 쓰기의 소망도 이제 곧 현실이 될 수 있다는 확신을 가질 수 있다. 필사를 함으로 인해 글쓰기를 쉽게 시작할 수 있다. 짧은 글이 아닌 긴 글에 대한 거부감을 날려버릴 수 있다. 그리고 매일 필사하면서 글 쓰는 것이 익숙해지고, 익숙해진 만큼 실력으로 자리 잡게 된다. 실력을 감지하는 순간, 그것은 자신감으로 이어지고 그 자신감은 결국 책 쓰기를 시작하게 만든다. 필사가 우리에게 주는 놀라운 힘을 인지해야 한다. 베껴 그리기, 수영 따라 하기 같은 것들로 인해 놀라운 변화가 일어나듯이, 책 쓰기도 다른 작가의 글을 베껴 쓰는 필사를 통해서 많은 것들을 얻고 변화될 것이다. 다시 한 번 강조한다. 필사를 통해서 얻는 것들은 상상 이상으로 크다. 필사 건너뛰지 마라. 필사를 통해서 어렵게 말고 쉽게 책 쓰기 시작하고 완성하자.

글은 자고로 자신의 글을 써야 한다

—

내가 평상시 생각하는 그것, 특히나 간절히 바라는 그것들은 바로 나의 현실이 됨이 분명하다. 만약 그것에 대한 믿음을 갖는다면 나의 현실과 미래는 나의 통제 안에 들어오게 된다.

하지만 실천이 따라야 한다. 처음부터 그렇게 되지는 않는다. 자신이 바라는 바가 있고 어느 정도 실천이 있어야 그것이 쌓여서 현실이 된다. 아무리 의식이 중요하지만 의식에 따른 행동이 있어야 한다는 것이다. 물론 생각을 많이 반복적으로 한다면 행동도 자연스럽게 따라온다. 그런 자연스런 실천이 있기 전에 조금은 인위적이라도 실천이라는 중간과정이 있어야 함은 분명하다.

필리핀 세부에서 세부 살이를 할 때였다. 아이들이 학교에 간 사이 나는 책을 썼다. 아이들이 등교하고 난 뒤의 집안은 어수선하다. 아이들이 벗어놓은 옷가지며, 이것 저것 떨어져 있는 지저분한 거실 바닥, 식탁위의 먹고 난 음식과 그릇들, 아이들이 집을 빠져나간 이후의 집안 풍경은 보는 것만으로도 정신없다. 집안 정리며 청소를 한다고 또 바빠진다. 아무리 나의 일이 많다고 하더라도 그냥 그대로 두고 작업을 하기에는 집안이 어지러워 도저히 그렇게 할 수가 없었다.

필리핀에는 아떼 문화가 있다. 쉽게 말하면 도우미 문화이다. 교민들은 아떼뿐 아니라, 야야, 상주 드라이버, 등, 세부 살이 하는 사람들의 대부분이 필리핀에서 누릴 수 있는 이런 도우미문화를 생활에 활용하고 있다. 하지만 나는 아떼를 사용하지 않았다. 사용하고 싶다는 생각 자체가 없었다. 왜냐하면 내가 조금만 부지런히 움직이면 쓸데없이 돈 낭비를 줄일 수 있다고 생각했기 때문이다. 그리고 집안일인데, 내가 해야 한다는 조금은 고지식한 생각을 가지고 있었다. 하지만 우연히 청소 아떼를 사용해보게 되었고, 그리고 나서 생각이 바뀌었다. 여기는 필리핀이고, 집안일은 엄마가 반드시 해야 한다는 원칙을 고집할 필요는 없다고 생각하게 되었다. 더군다나 필리핀에서는 인건비가 저렴한 관계로 한국 사람에게 청소 아떼 사용은 그야말로 큰 부담이 안 된다. 그렇다면 아떼를 사용하고 그 시간에 자신에게 유익한 시간을 가지면 오히려 더 경제적일 수 있다. 나 같은 경우에는 책을 쓰기 때문에 아떼 청소하는 2시간 동안 열심히 책을 쓰는 것이, 나에게도 아이에게도 훨씬 도움이 된다.

"집안일은 자고로 엄마가 해야 한다."

라는 사고방식에서 인건비가 저렴한 필리핀에서는 다음과 같이 생각을 하게 되었다.

"집안일은 자고로 청소 아떼에게 위임해야 한다. 그리고 엄마는 그 시간에 다른 일을 하자."

나의 원칙들도 때로는 환경이 바뀌면 융통성을 발휘해야 한다. 변하지 않는 원칙은 없다. 오히려 변하지 않기 때문에 더욱 도태되는 경우도 있다. 환경이 바뀌면 과감히 기존 원칙을 바꾸고 생각을 바꾸어야 함이 필요한 것이다.

글쓰기에서의 대부분 사람들이 가지고 있는 원칙, 생각 또한 바뀌어야 할 부분이 있다. "글은 자고로 자신의 글을 써야 한다." 라는 원칙이 알게 모르게 사람들 마음에 자리하고 있다. 하지만 꼭 그런 것은 아니다. 글쓰기에 익숙하지 않은 시기에 이런 원칙을 가지고 있다면 글쓰기, 책 쓰기 하기가 힘들어 질수 있다. 특히 머리를 사용해서, 글쓰기 규칙을 적용해서 처음부터 자신의 글을 쓰는 것이 쉽지 않다. 조금 쓰는 연습이 필요한 것이다. 말은 술술 할 수 있을지 모르지만 글은 그렇게 잘 되지 않는다. 그렇기 때문에 처음 글을 쓰는 사람이라면 글은 직접 자기가 써야 한다, 라는 고정관념은 버리고 시작하면 좋을 것이다.

《하루 한권 독서법》첫 꼭지를 쓸 때이다. 나는 목차는 그래도 쉽게 만들었다. 남들 5주 이상 걸린다는 것을 3주 만에 만들었다. 첫 목차 3주 만에 만들어서 기분이 좋았지만 다음의 일이 걱정이었다. 다음의 일이라는 것은 바로 꼭지 쓰기이다. 꼭지는 출판사 용어이고 보통 책의 소제목을 말한다. 목차에 보면 쓰여 있는 것이 소제목에 해당되고 그 소제목이 30개 이상 40개미만이 모여서 목차가 완성된다. 첫 꼭지 쓰기를 시도하기 전 난 마음의 준비를 했다. 마음의 준비를 하면서도 필사한대로 쓰겠다고 마음을 먹었다. 하지만 긴장되었다. 첫 꼭지쓰기만 잘 넘기면 난 그래도 안심하고 그 다음부터 첫 꼭지 쓰듯이 쓰면 될 것이야, 라고 스스로 위로 했다.

첫 꼭지 쓰기, 순전히 나의 생각, 나의 메시지를 쓰는 것이다. 필사를 할 때와는 또 다르다. 필사를 하면서 중간에 나의 글을 써보기도 했지만 목차를 만들고 막상 쓰는 첫 꼭지는 더욱 쓰기가 쉽지 않았다. 생각 같아서는 금방 A4, 2장을 채울 수 있을 것이라 생각했는데 아니었다. 보통 우리가 짧은 글은 평사 시 자주 쓰기 때문에 별 문제 안 되지만, 긴 글은 다르다. 자신의 메시지 자체를 풀어내는 것이 쓰기에 대한 원칙이 없이는 A4, 2장을 다 채우기가 힘들 수 있는 것이다. 쓰는 원칙, 쓰는 방법을 안다고 해도 또한 쉽지 않다. 왜냐하면 아직 몸에 완전히 그 원칙들이 체화되지 않았기 때문이다. 필사할 때는 쓰는 원칙들에 대해 어느 정도 감을 잡았지만 막상 그 원칙을 적용해서 나의 메시지를 쓰는 것은 또 훈련과 노력이 필요한 부분이란 것을 알게 되었다.

그래서 나는 첫 꼭지를 쓰다말고 다시 필사를 하기 시작했다. 이제는 자신의 메시지로 쓰는 글에 실패한 경험을 가지고 필사를 할 때 다른 작가들은 어떤 식으로 1꼭지를 썼는지 좀 더 예민한 감각으로 필사를 했다. 필사는 정말 도움이 많이 된다. 꼭지 글쓰기 할 때 필사하면서 느끼고 배운 것들을 그대로 활용할 수 있다. 이것을 진작 알았다면, 나는 더 일찍 필사를 시작했을 것이다. 책 쓰기 주제의 책으로 쉬엄쉬엄 책 쓰는 방법에 대해 공부도 하면서 글쓰기도 몸에 체화했을 것이다. 필사의 중요성을 강조하는 기성작가들은 많지 않다. 나도 그것을 알지 못했고, 그래서 그런 부분이 안타까워 나는 지금 이 원고를 쓰게 된 것이다.

결국 나는 2박 3일 만에 첫 꼭지를 완성했다. 내 인생 첫 개인저서 《하루 한권독서법》 첫 꼭지쓰기를 완성하고 그래도 나는 한 고비를 넘겼다고 생각하고 안도의 숨을 내쉬었다. 필사로 글쓰기를 연습한 이후에도 자신의 글을 바로 쓰기란 쉽지 않다. 필사의 기간에 따라 어려운 정도는 차이가 있을 수 있겠다. 물론 처음에 어려움 없이 자신의 글을 쓰는 사람도 있겠지만 보통 사람들이 긴 글쓰기를 많이 하는 환경에서 자라지 않기 때문에 쉽지 않다. 처음부터 자신의 글, 자신의 메시지를 쓴다고 생각했다면, 그 생각을 조금 바꾸기를 바란다. 처음에는 남의 글을 많이 읽고 또 그것을 직접 필사하면서 글쓰기, 책 쓰기에 대한 자신의 실력을 올린 다음에 자신의 글을 쓴다, 라는 생각으로 마음자세를 바꾸면 좋을 것이다.

처음부터 잘하는 사람은 없다. 남한테 배우면서, 남 하는 것을 보고 따라해 봄으로써 조금씩 좋아지는 것이다. 글쓰기도 마찬가지이다. 처음부터 자신의 메시지를 써내려가는 사람은 많지 않다. 자신의 글이 아니라 남의 글이라도 조금씩 필사하면서 자신의 글쓰기 실력을 키우는 과정이 필요하다. 이제 생각을 조금은 바꾸도록 해보자. 글쓰기는 자고로 처음부터 바로 자신의 메시지를 쓰는 것이 아니다. 남의 글을 따라 쓰면서 글에 익숙해지고 쓰는 방법에 대한 감을 잡고 자기 글도 좀 쉽게 쓸 수 있는 것이다. 이 방법으로 책 쓰기 도전하시길 바란다.

필사, 왠지 자존심이 상한다

—

　괜한 자존심 때문에 큰 것을 잃는 경우가 있다. 어떤 것이 자신의 인생에서 중요할지를 생각한다면 큰 것을 잃는 상황이 발생하지 않는다. 진정한 자존심이란 오히려 작은 것을 양보하고 큰 것을 취하는 것이다.

　방송 프로를 우연히 보다가 한 할머니의 이야기를 우연히 듣게 되었다. 그 할머니는 일제 시대 어린 시절을 보낸 할머니다. 일제 강점기에 가족이 한국과 일본을 왔다 갔다 하는 바람에 한글을 제대로 배우지 못하게 되었다. 그 이후에도 한글을 배울 기회는 없었고 결혼을 했다. 결혼해서도 넉넉하지 못한 살림으로 하루하루 살아내기 바빴고, 한글배우기는 아예 생각지도 못하게 되었다. 그렇게 평생을 한글을 모르고, 또 그것이 창피하여 숨기고 살아왔다.

할머니는 한글을 모른다는 사실 자체가 자존심이 상했다. 그래서 친구들 사이에서도 한글을 모르는 것을 숨겼다. 사실 그 시대에는 나라가 힘든 상황이었기에 한글을 깨우치지 못한 사람이 많았다. 하지만 할머니는 유독 자신만의 문제인 것처럼 창피하다고 생각하고 자존심 상한 일이라고 여겼다. 누군가가 글씨를 물어보면 눈이 안 좋아서 잘 안 보인다고 둘러대고, 은행에 가서도 다른 손님에게 대신 적어달라고 하면서 그렇게 불편한 삶을 살아왔다. 한글을 모르기 때문에 많은 불편함을 겪어야 했지만 할머니는 자신이 한글을 모른다는 것을 알리는 것보다는 그 편이 낫다고 생각했다.

더욱 고통스러운 것은 남편에게도 그 사실을 숨겼다는 것이다. 우편물이 와도 할아버지한테 전달하고, 글씨가 나와 있는 모든 종이들은 아예 손도 대지 않았다. 한 지붕아래에 살면서도 남편에게 말도 못하고 얼마나 고통스러웠을지, 상상만 해도 참 안타깝다.

그 할머니는 이제는 글씨를 몰라도 창피하지 않다고 이야기한다. 글씨를 모른 것이 내가 공부를 할 상황이 못 되어서 못했을 뿐이지, 내가 공부를 안 해서 모르는 것은 아니었는데, 왜 그렇게 그것을 자존심 상해했는지 모르겠다, 라고 후회의 말을 하신다. 그 놈의 자존심 때문에 한 평생을 글씨를 모르고 살게 되었다. 만약 자존심 내세우지 않았다면 벌써 한글을 배웠을 것인데…… . 은행에 가도 불편하지 않고, 아이들 학교에도 편안하게 갔을 것이고, 남편한테도 기죽지 않고 살았을 것이다. 정말 후회스럽다. 그래서 지금은 한글공부를 한다, 라고 이야기한다. 인터뷰 한 내용이다.

"80세 넘어서 이제야 한글을 모르는 한을 풀기 위해 조금씩 배우고 있다. 하지만 이것도 쉽지가 않다. 눈이 잘 보이지 않고, 나이가 들어서인지 돌아서면 금방 잊어버린다. 건망증이 너무 심하다. 정말 자존심 내세우지 말고 진작 배웠어야 했다. 자존심 때문에 배울 것을 못 배우면 안 된다. 나는 그것을 뼈저리게 느낀다."

할머니는 자존심 때문에 평생 한글을 배우지 못한 것을 후회하셨다. 할머니의 이야기를 들으면서 아~ 정말 그럴 수 있겠구나, 헛된 자존심으로 인해 평생 값진 무엇인가를 배우지 못할 수도 있겠구나 하는 생각을 했다.

자존심, 필사를 할 때도 은근히 자존심의 문제가 대두된다. 나의 경우에는 처음 필사할 때 그런 생각을 했다. 남의 글을 베껴 쓰는 것은 왠지 자존심이 상해, 라고 생각한 것이다. 굳이 그렇게 생각할 이유가 없음에도 불구하고 쓸데없이 그런 생각을 한 적이 있었다. 이것은 필사의 가치에 대해서, 필사의 놀라운 힘에 대해서 잘 몰랐을 때였다. 그런데 나처럼 생각하는 사람이 의외로 많다.

첫째는 베껴 쓰는 것 자체가 내가 못났다는 것을 의미한다고 착각한다.

베껴 쓰는 자체를 내가 못났다고 생각하는 순간적 비이성적 착각 상태이다. 간혹 사람들은 이런 경우가 있다. 종종 이성적이지 못한 인지를 한다. 예를 들어, 사랑하는 남자친구가 일을 너무 열심히 한 나머지 주말데이트도 즐기지 못했다고 했을 때 간혹 남자친구에게 이런 질문을 한다. 일이 좋아? 내가 좋아? 라고 묻는다. 남자친구입장에서는 황당한 질문이다. 일도 중요하고 결혼할 여자 친구는 더 중요하다. 질문하는 여자 친구도 이 사실을 잘 알고 있다. 하지만 애정확인차인지, 아님, 순간적으로 비이성적이 된 것인지, 그런 우문하게 되는 것이다.

필사에 대해서도 이런 착각을 하는 경우가 있다. 필사는 기성작가의 글을 보고 그들이 어떤 식으로 1꼭지를 완성했는지 배우기 위해서 하는 것이다. 배움의 한 방법일 뿐이다. 그런데 이성적이지 못한 인식을 필사에 적용함으로써 글쓰기를 배울 수 있는 기회를 스스로 발로 차버리게 된다. 기성작가한테도 배울 수 있지만 스스로 배울 수 있는 방법으로 필사만한 것이 없기 때문에 혼자서 매일 필사를 하는 것은 글쓰기를 제대로 배우는 방법이 된다. 필사에 대해 자존심이 상한다고 생각하는 것은 책 쓰기를 하려는 사람에게 백해무익하다.

둘째, 글 쓰는 것 처음이지만 나도 잘 할 수 있다는 착각이 있다.

기성작가에게 책 쓰기 이론적인 부분을 배우더라도 그것으로 책 쓰기를 바로 시작할 수 있는 것은 아니다. 본인이 직접 써봐야 한다. 쓰기와 이론을 동시에 하면 더욱 효과가 좋다. 이론하고 쓰기하고 또 다른 이론을 배우고 이어서 그것을 염두에 두고 직접 써보고 하는 것이 가장 좋은 방법이다. 쓸 때는 생각 외로 마음대로 되지 않는다. 머리로 제대로 배웠으니, 몸도 제대로 통제할 수 있을 것 같은 생각이 있다. 즉, 마음 같아서는 당장 쓸 수 있을 것 같다. 하지만 그것이 아니다. 연습이 필요하다. 그 연습을 필사로 하면 좋다.

셋째, 모든 위대한 창조가 모방에서부터 시작이란 사실을 잠시 잊었다.

베껴 쓰는 것에 대해 불편한 생각을 가질 필요가 없다. 모든 위대한 창조는 베껴서 하는 것, 즉 모방에서부터 라는 것을 확실히 인지해야 한다. 대부분의 사람들이 모방에 대해 다소 부정적인 시각이 있다. 그것은 제대로 모르기 때문에 하는 생각일 수 있다. 초창기의 최고의 배움의 방법은 모방이라는 점, 그러므로 글쓰기에서도 필사를 통해서 결국 책 쓰기의 완성, 출간까지 갈 수 있다는 점 잊지 말아야겠다.

필사는 자존심과 상관이 없다. 기성작가에 대해 특별한 감정을 가질 필요도 없다. 기성작가의 이름은 알지만 그가 진정 누구인지도 모른다. 그런데 굳이 모르는 사람을 대상으로 불편한 감정을 느낄 필요는 없는 것이다. 또한 자신 스스로도 마찬가지이다. 필사를 통해서 내가 글을 쓸 수 있고, 매일 쉽게 쓰면서 글쓰기를 배울 수 있다면 그것으로 족한 것이다. '베껴 쓴다.'는 그 의미에 불편한 마음이 꽂혀서 배울 기회를 잃지 말자. 필사를 통해서 하나라도 글쓰기에 대해 느끼고 깨달으면 되는 것이다. 그래서 실력이 좋아지는 것, 그것이 진정한 자존심이다.

필사는 손으로만 써야 한다

—

필사하라고 하면 보통 손으로 하는 것을 생각한다. 나도 그랬다. 필사하면 가장 먼저 떠오르는 것이 조정래 작가의《태백산맥》이다. 《태백산맥》도 아주 좋지만 이 책과 관련된 유명한 일화가 있다. 조정래 작가는 자신의 자식뿐 아니라 며느리까지 태백산맥 필사를 시켰다고 한다. 그것도 한 자 한 자 손 글씨로 필사를 하게 했다고 한다. 이 일화를 듣자마자 깊이 각인된 나는 필사라고 하면 반드시 손으로만 써야 한다고 생각하게 되었다. 다른 사람들도 마찬가지일 것이다. 이 일화를 들었거나 듣지 않았거나, 필사하면 손 글씨를 자동적으로 연상하는 경우가 대부분일 것이다.

필사를 꼭 손으로 하라는 법은 없다. 필사의 의미는 '베껴 쓰기'이다. 베껴 쓰는데, 손으로만 해야 하는 것은 아니다. 요즘은 대부분 자판을 두드려서 글을 쓰고 있다. 그렇기 때문에 손으로 필사하는 것이 아니라, 자판으로 필사를 해도 되는 것이다. 그런데도 굳이 손으로만 필사를 해야 한다는 생각을 가졌었다. 그렇기 때문에 필사가 어렵게 여겨졌다.

필리핀 세부 살이 할 때, 생활비 중에서 가장 큰 지출을 차지하는 것이 주거비였다. 주로 임대를 해서 살게 되는데, 내가 살고 있는 빌리지는 학교 바로 옆이라서 그런지 다른 빌리지 보다 월세가 더 비싸다. 한국 돈으로 따져서 월 100만 원 가깝게 지출되고 있다. 그래서 필리핀 물가가 저렴하다고 하더라도 월세가 비싸기 때문에 전체적으로 생활비가 올라가게 된다.

세부 살이 1년이 지나면서 콘도를 구매하게 되었다. 해외 살이 하면서 생각지도 못한 다양한 일들이 일어난다. 피치 못한 사정이 생겨서 1달만 잠시 다른 곳에서 살아야 하게 되었다. 그래서 집을 알아보면서 현재 구매한 콘도를 알게 되었다. 결국 그 콘도에서 1달을 살면서 그곳이 살기에 편리하고 수영장, 헬스장, 기타 제반시설이 잘 갖추어져 있어 아이들이 언제든지 수영을 할 수 있고 엄마들은 아주 저렴한 헬스장을 이용할 수 있다는 것도 알게 되었다. 거기에다가 콘도 구매가격이 한국에 비해 저렴한 편이라 구매를 하게 되었다.

　구매 후 나는 진작 콘도 구매를 생각해볼 것, 하는 아쉬움이 생겼다. 여기는 월세가 비싸지 구매는 한국에 비해 저렴한 편이다. 그러니, 월세를 내고 산다면 그 부담감이 크다. 생활비에 부담감이 생긴다. 그런 부담감을 해결하는 방법으로 조그마한 콘도를 매입하는 것이다. 콘도는 우리나라 아파트 개념이다. 현지인들은 아파트를 콘도라고 부른다고 생각하면 이해하기 쉽다. 물론 저렴하다고 해도 집을 사는 것이기에 고민이 많을 수 있다. 하지만 나는 생각했다. 세부는 자연경관이 좋은 관광지이기 때문에 많은 사람들이 앞으로도 계속 찾을 것이고, 그렇다면 숙박시설은 필요할 것이다. 지금 많이 짓고 있기도 하고, 구매해 두면 향후에도 도움이 될 것이라고 판단했다. 이런 생각을 1년 전에는 하지 못했다.

　주거비에 드는 비용으로 생돈을 고스란히 내지 않아도 되었다. 다른 방법으로 해결할 수 있는 것을 생각해보면 답이 나왔을 것이다. 그 방법이 작은 콘도 구매였다. 물론 여유 돈이 없더라도 방법은 있는 것 같다. 월세시세가 좋기 때문에 대출을 이용해도 된다. 손해는 아니다. 이렇게 다양하게 생각했으면 좋았을 걸 하는 생각이 지금은 많이 든다.

　필사도 마찬가지이다. 필사라고 하면 무조건 손으로 해야 한다고 한 가지만 생각했다. 무조건이란 것은 세상에 없는 것인데, 필사를 자판을 두드리는 것으로 하자, 라는 생각을 못했다. 나만 그런 것이 아닐 것이다. 고지식한 사람은 물론, 대부분의 사람들이 필사하면 손으로만 해야 한다는 공식을 가지고 있는 경우가 많다. 월세를 사느니 돈을 조금만 더 모아서 콘도를 구매 했듯이 무엇이든지 생각의 전환이 필요하다. 필사도 그렇다.

내가 필사를 아예 시작하지 않았던 이유가 필사를 손으로만 해야 한다는 고정관념 때문이었다. 손으로 하지 않으면 필사의 효과가 없을 것이라고 생각했다. 하지만 그렇지가 않았다. 자판이든, 손이든 효과에서는 별 차이가 없었다. 어느 날, 나는 필사를 손이 아니고 자판으로 두드려서 해도 된다는 생각을 했다. 사실, 글은 써야겠기에 무조건 자판이라도 두드려보자고 결심했다. 책을 써야겠다는 간절한 마음이 되니 자판으로 필사를 한 것이다. 손으로 쓰는 것은 이제는 너무나 어렵다. 글씨도 명확하지 않고 날리는 글씨이면서 쓰는 것 자체가 힘도 들고, 시간도 많이 걸린다. 그 어려운 작업을 하는 것은 하나의 또 다른 노동이 되기 때문에 아예 시도를 안 한 것이다. 하지만 자판으로 치면서 필사가 세상에서 가장 쉬운 일인 것처럼 느껴졌다. 가장 쉬운 일을 하면서 확실한 글쓰기 연습이 될 수 있으니, 세상 이보다 좋은 것이 없었다. 생각과 기존 관점을 조금만 바꾸어도, 세상에는 해결방법이 늘려있다.

필사는 손이 아니라 자판으로만 해라, 라고 나는 강조한다. 손으로 하면 오히려 필사하는 자체를 귀찮고 어렵게 생각할 수 있다. 귀찮고, 힘이 드는 일은 시작하기 어렵게 되고, 결국 필사도 포기하고 책 쓰기도 포기하게 되는 상황이 발생할 수 있다. 필사를 손 글씨가 아니라 자판으로 할 경우 다음과 같은 좋은 면이 있다.

첫째, 필사를 쉽게 시작하게 된다.

손으로 쓰는 것보다 자판으로 치는 것이 쉽다. 요즘은 대부분 자판을 많이 사용한다. 자판을 활용해서 메일도 보내고 카톡 메시지도 주고받는다. 그래서 웬만한 사람들은 자판 사용에 부담이 없다. 그렇기 때문에 자판을 활용해서 하는 필사는 쉽게 접근할 수 있어 필사를 시작하기 쉬워진다.

둘째, 비는 시간 있을 때, 한 챕터 필사를 금방 끝낼 수 있다.

시작하기 쉬운 만큼 간단히 한 챕터 필사함으로써 매일 필사를 하게 된다. 매일 하는 것의 힘을 여기에서도 체험할 수 있다. 매일하는 것을 당할 것은 없다. 자판으로 치는 것이 매일 쉽게 필사하는 방법이기 때문에 필사는 꼭, 자판으로 하는 것이다.

셋째, 자판으로 치면, 매일 할 수 있어서 필사의 효과는 더 크다

자판을 이용해서 필사하는 것은 손으로 쓰는 것보다 쉽다. 쉽기 때문에 바쁘더라도 비는 시간을 활용해 쉽게 할 수도 있다. 그렇게 1꼭지를 쓰는데 부담이 되지 않는다. 그래서 매일 거르지 않게 되고

필사의 효과, 즉, 글쓰기 실력이 성장하게 된다. 보고 배우고 직접 따라 쓰면서 자신도 모르게 쓰는 실력이 좋아지고 책 쓰기 시작도 쉬워진다.

때로는 별것 아닌 것에서조차도 우리의 고정관념은 작용한다. 필사, 손으로만 하라는 법이 없는데, 어렵게 손으로만 해야 한다고 생각한다. 하지만 자판으로 했을 때 여러 가지 효과가 더 크다. 손으로 필사하는 것보다 글쓰기 실력이 더 향상됨을 체험하게 될 것이다. 필사의 최고의 목적, 글쓰기 실력향상, 책 쓰기의 시작, 자판으로 쉽게 필사하면서 하나하나 이루어 가길 바란다.

필사하기에 시간이 아깝다

—

아무 생각 없이 TV 켰다가 2시간 이상, 시간을 도둑맞은 적이 있다. 허탈하다. TV시청, 계획에 없던 일이다. 생각 없이 한 행동으로 생각지도 않은 후회를 하게 되었다. 특히 하루 중 꼭 해야 할 일이 있는데, 이런 황당한 상황에 놓이게 되면, 스스로 자괴감이 든다. 시간을 이렇게 허무하게 낭비하다니, 자신에게 실망했다. TV도 가끔은 괜찮지만 꼭 해야 할 일이 있을 때는 정말 후회막급하다.

그래서 나는 TV 시청에 관해서는 생활규칙을 세워두었다. 아침에는 절대 틀지 않는다. 생각 없이 TV를 틀지 않는다. 즉, TV 시청도 목적을 가지고 켜는 것으로 정했다. 아침에 TV를 틀면 하루 중 TV 보는 시간이 늘어난다. 왜냐하면 계속 보고 싶기 때문에 하루의 많은 시간을 낭비하게 된다. 사실 하루의 시작인 아침에 무엇을 했느냐에 따라 하루시간 활용의 질이 결정된다. 만약 아침에 책을 읽었다면 하루 중 다시 책을 볼 가능성도 커진다. 그 책의 뒷내용이 궁금할 수 있고, 또, 한 문구에 감동받아 또 다른 감동문구를 더 읽고 싶은 욕구도 생길 수 있다. 그것처럼, TV를 아침에 켜놓고 일을 한다거나 그것을 잠시라도 앉아서 보게 되었다면 그 여운이 계속 남아 오후시간에도 TV를 찾게 된다.

또 하나, TV에 관련된 나의 규칙은 아무 생각 없이 TV 리모컨을 누르지 말자는 것이다. 보통 사람들의 행동 중 많은 부분이 습관에 의해 이루어진다. 생각이 없어도 자동적으로 움직이는 생활의 활동들이 많다. 예를 들면 옷을 입는 과정이라든가, 아침식사를 준비한다든지, 학교나 직장을 가는 행동들 등, 일상사의 많은 행동들을 특별히 의식하지 않아도 자동적으로 하게 된다. TV를 켜는 것도 마찬가지이다. 지금, 나는 세부 살이를 하고 있지만 한국에 있을 때 아이들을 깨우기 위해 TV를 켠 적이 있었다. 아침에 아이들 깨우는 용도로는 그 방법만큼 좋은 것이 없다. TV를 켜놓으면 아이들은 금방 깬다. 하지만 잠을 깨고도 계속 보려고 하는 것이 문제였다. 또한 알게 모르게 아침의 TV시청이 하루 종일 아이들의 마음에 잔상으로 남아있을 것이다. 그래서 그만두었다. 깨우기 힘들더라도 엄마, 아빠의 목소리로 부드럽게 깨우고 하루를 시작하는 것으로 바꾸었다. 지금도 TV 리모컨 누르는 것을 생각 없이 하는 실수를 저지르지 않기 위해, 의식적으로 신경을 쓴다.

시간관리는 돈 관리이상으로 중요하다. 보통 사람들은 돈 관리에 신경을 쓴다. 큰 금액은 말할 것도 없고 작은 금액에 있어서도 알뜰하게 계산하고 낭비를 줄이기 위해 노력한다. 하지만 시간에 있어서는 그런 개념이 많지 않다. 시간이 곧 돈이다, 라는 생각을 잊어버리곤 한다. 돈은 손으로 만질 수 있고 시간은 만져지지 않기 때문이기도 하다. 눈에 보이면 마음이 자꾸 가고, 눈에 보이지 않으면 마음에서도 멀어지게 되는 것처럼, 시간에 있어서도 그렇다. 진짜 중요한 것은 눈에 보이지 않는 것들인데 아쉽다. 눈에 보이는 것들은 눈에 보이지 않는 것들이 먼저 있었기 때문에 만들어 질수 있는 것이다. 만약 우리가 어떤 목표를 가졌다고 생각해보자. 나의 경우, 독서 5년을 하고 난 뒤, 책을 써야겠다는 목표와 소망을 가지게 되었다. 그리고 그것을 달성하기 위해 방법을 찾게 되었고 결국 시작 4개월 만에 책 한 권을 출간하게 되었다. 단지 4개월만이다. 책을 쓰겠다고 목표를 가지게 되고, 그 목표를 세우고 달성하는 데는 아주 짧은 시간만이 필요했다. 눈에 보이지 않는 목표를 먼저 마음에 새기기가 어렵지, 새기기만 한다면 현실로 이루어지는 시간은 그리 길지 않을 수 있는 것이다. 단지 시간의 차이만 있을 뿐이지 마음에 목표를 품는 그 자체가 아주 중요하다고 할 수 있겠다. 눈에 보이지 않고 만져지지 않는 시간이지만 그것을 어떻게 관리하느냐에 따라 인생 자체가 확 달라진다.

그래서 나는 가치 있는 일에 나의 시간을 투자하려고 한다. 평상시 엄마의 역할을 하면서 시간관리를 해야 하기에 마음먹은 대로 잘 안될 때가 많다. 휴직중인 나는 직장은 현재 나의 생활에서 빠져 있다. 그래도 여전히 바쁘다. 아이 둘 건사하는 것이 많은 노력과 에너지가 소모된다. 특히, 나는 지금, 세부 살이를 하고 있는데, 이곳은 한국 보다 엄마의 부지런함이 더 요구된다. 급식이 없는 관계로 도시락을 매일 싸서 보내야 하고 학교 준비물도 수시로 사다 날라야 한다. 그래도 아이의 삶 이상으로 나의 삶과 목표도 중요하기 때문에 나를 위한 시간관리에 최대한 노력하려고 한다. 이것은 또한 아이들을 위한 것일 수 있다. 자랑스러운 엄마가 되는 것은 아이들의 자부심에 긍정적인 영향을 미칠 것이며 아이들이 꿈을 세울 때도 엄마가 좋은 모델이 될 수도 있기 때문이다.

그래서 나는 처음에는 필사하는 것이 시간이 아깝다고 생각이 들었다. 하루를 가치 있는 일들로 채우고자 한 나에게 필사는 시간낭비인 듯이 여겨졌다. 누구의 것을 베껴 쓰고 앉아 있을 시간이 없었다. 하나라도 내 글을 써서 빨리 그것을 숙달하고 싶다는 생각이 강했다. 하지만 지금 돌이켜 보면 그때의 생각들이 조급함 마음에 나온 판단착오였다. 나무를 자르기 위해 연장을 다듬는데 80%이상의 시간을 투자해야 하듯이 책 쓰기를 하고 싶은 마음이 강할수록 당장 쓰기를 하기보다는 글쓰기를 어느 정도 체화하는 것이 우선인 것이다. 그리고 체화과정에 적절한 방법이 꼭 필요하다는 것을 시간이 지나고 나서 깨닫게 되었고, 그것이 바로 필사라는 것을 알게 되었다.

필사는 책 쓰기를 배우는데 있어 시간낭비가 아니다. 지금은 확실하게 강조할 수 있다. 나는 필사를 통해서 책 쓰기를 성공할 수 있었기 때문에 그렇게 말할 수 있다. 필사는 오히려 책 쓰기를 하려는 사람들이 가장 먼저 해야 할 일이다. 책 쓰기 하는데 필사를 하면서 중간에 이론도 배우면서 자기 글도 쓰고 해야 한다.

처음 책을 쓰는 사람에게 필사는 생활의 일부처럼 되어야 한다. 그것이 책 쓰기 시간을 버는 방법이다. 책 쓰기 과정에서 다른 작가에게 배우더라도 자기는 혼자서 필사를 해야 한다. 필사를 하라는 말이 없다고 해서 안 해도 되는 구나, 라고 생각해서는 안 된다. 책 한권을 쓰기 전에는 필사가 중요하다고 말할 필요도 없이 혼자서 꾸준히 필사를 해나가길 바란다. 먼저 내가 살아야 한다. 먼저 내가 한 권이라도 쓰고 책 쓰기와 필사에 대해서 언급해야 한다. 누군가는 책 한 권 쓰고 무슨 말을 할 수 있느냐? 최소한 3권은 써야지, 라고 말하는 작가도 있다. 하지만 나는 그렇게 생각하지 않는다. 1권을 쓰면 10권을 쓸 수 있고, 10권을 쓰면 100권, 100권을 쓰면 300권도 쓸 수 있다. 1권 쓰기가 가장 어려운 것이다. 그렇기 때문에 1권을 쓴 사람은 나름의 노하우가 생긴다. 왜냐하면 그만큼 자신만의 생각과 철학이 있어야만 1권을 써내기 때문이다.

또한 1권을 쓴 사람의 책은 이제 막 책 쓰기를 하려는 사람에게 좋은 모델이 된다. 첫 작품이기에 첫 책을 쓰는 사람에게 수준에 맞는 공감력있는 노하우를 보여준다. 그렇기에 처음 책 쓰는 사람에게는 기성작가의 책보다는 이제 걸음마를 시작한 작가의 책을 필사하면서 묵묵히 따라서 하는 것이 그 작가처럼 책을 출간할 수 있는 가장 빠른 책 쓰기 비결이 된다.

어떤 일의 가치를 잘 모르면 시간낭비라고 오판하게 된다. 보통 필사를 그렇게 생각하는 경우가 많다. 필사를 통해서 얻을 수 있는 수많은 이익을 사람들이 잘 모르기 때문이다. 그냥 단순하게 생각한다. 필사할 시간에 바로 내 글을 써야한다고 생각한다. 하지만 바쁠수록 둘러가는 것이 오히려 빠르게 그 일을 완성하는 방법이듯이, 지금 당장 내 글을 써지는 않지만 필사가 책 쓰기의 빠른 길임은 지나고 나면 알게 될 것이다. 쓰는 것 갑자기 잘하기는 어렵다. 꾸준히 최소한 1~2달이상은 해야 한다. 평상시 다른 작가의 좋은 글 하루에 한 챕터씩 자판 두드려서 치면 된다. 너무 큰 산처럼 느껴지는 어떤 일이 있을 때, 복잡하게 생각하지 말고 단순하면서 쉬운 행동부터 서서히 시작하면 되듯이 책 쓰기도 그렇게 하면 된다. 부담 없이 남의 글 베껴 쓰는 것부터 해라. 작은 행동하나가 문제 해결의 결정적 실마리가 되듯이 책 쓰기의 작은 실마리는 바로 필사임을 강조하고 싶다. 필사 시간낭비 아니다. 책 쓰기의 최고의 방법이다. 내가 내 인생 첫 책 《하루 한권독서법》을 쓰기 전 필사로 시작했듯이 이제 당신도 필사로 책 쓰기 시작하길 바란다.

필사가 재미없을 것이란 선입견이 있다

—

자신의 생각이 다 맞아 떨어지는 것은 아니다. 별 기대하지 않은 일이었는데, 자신의 생각과 달리, 의외의 횡재를 얻는 일도 많다. 정말 하기 싫은 일들도 막상 해 보면 나의 생각과는 다르게 유익한 것이다.

나는 '두리안'이란 과일을 좋아한다. 두리안은 과일의 황제라고 할 만큼 그 영양가가 풍부하고 현지인들 또한 좋아하는 과일이다. 하지만 한 가지 단점, 향 자체가 보통 사람들이 좋아하지 않는 향이다. 그래서 웬만한 한국 사람은 냄새만 맡고도 멀리 도망가게 되는 과일이다. 나도 처음에는 그랬다. 두리안의 냄새는 과일의 향이라고 할 수 없었다. 아니, 먹을 수 없는 냄새가 났다. 상한 음식 같기도 하고, 또는 화장실 냄새 같기도 하고, 정말 적응하기 힘든 냄새를 풍기고 있었다.

그래서 나는 더 궁금했다. 과일에서 어떻게 저런 쾌쾌한 냄새가 날 수 있을까? 그럼에도 불구하고 과일의 황제라는 명예를 안고 있는 '두리안'이 몹시도 궁금했다. 패키지여행 중 나는 가이드에게 특별히 부탁을 해서 '두리안'을 구매했다. 숙소에서 드디어 그 모양을 확인할 수 있었다. 길거리에서 봤을 때는 이 순신 장군의 거북선 등마냥 삐죽삐죽 굵은 가시가 솟아 있는 껍질을 가진 모양이었는데, 숙소에서 확인한 두리안의 속은 무슨 밀가루 반죽을 예쁘게 말아놓은 듯 하기도 하고, 그냥 빵 같기도 한 모양이다. 두리안의 겉과 속은 완전히 달랐다. 열대과일이 주로 겉은 아주 딱딱하고 속은 아주 연한 과일들이 많은 것 같은데, 두리안도 역시 마찬가지였다.

냄새도, 모양도 극복하기 힘든 과일이었지만 나는 먹어보았다. 먹는 순간, 우리나라의 홍어가 생각났다. 홍어 또한 호불호가 분명한데, 두리안 또한 그럴 수밖에 없을 것 같다는 생각이 들었다. 하지만 냄새에 비해서 맛은 좋았다. 먹고 난 끝 맛이 구수했다. 먹을수록 괜찮았다. 그래서 좋아하는 사람은 아주 좋아할 수 있는 맛이란 생각이 든다. 듣기로는 두리안의 매력에 빠져서 한국에서도 해외택배로 시켜서 먹는다고 한다. 먹어보니, 이제야 그런 사람의 마음을 이해할 것 같다. 남들이 정말 먹기 힘들다는 과일, 나도 마찬가지로 먹기는 싫었지만 그래도 한번 도전을 해봤다. 먹는 것을 무슨 도전이라는 표현을 사용하느냐? 반문이 하겠지만, 두리안이란 과일은 그런 마음과 각오가 없으면 처음 먹기 쉽지 않기 때문이다. 먹기 싫은 마음 반, 한번은 먹어보고 싶은 마음 반으로 양가감정 속에서 도전한 두리안, 맛있었다. 앞으로도 계속 찾아서 먹을 것 같다, 라는 결론이다.

세부 살이 할 때, 아이들을 등교시켜놓고 아침 9시부터 오후까지, 새벽에 일어나서 작업한 것까지 합산하면 하루에 최소한 6~7시간을 썼다. 책 쓰기에 집중할 수 있는 이유는 아이들 학교 보내놓으면 특별히 할 일이 없기 때문이다. 아는 사람이 많은 것도 아니고, 필리핀 세부에 갈만한 곳이 특별히 있는 것도 아니다. 특히 내가 있는 곳은 세부가 아니라 세부 옆, 막탄이란 시골이었다. 공항이 있는 곳으로 바다로 둘러싸여져 있어 리조트도 많고 관광지로 유명한 곳이다. 하지만 나는 관광객도 아니기에, 그냥 집에서 머물었다. 집에 있으면서 또한 책 쓰기에 열중하게 된다.

책 쓰기를 하다 보니 재미가 붙는다. 철저하게 작전을 짜기도 한다. 초고 하나를 40일 만에 완성한다. 1년 동안 초고를 5개 이상 완성하자, 이런 목표를 가지고 책을 쓰게 되었다. 하다보면, 계획을 타이트하게 짜게 되는데, 조금 여유를 가지고 하루에 1꼭지씩 쓴다는 생각으로 실천을 하면 더욱 재미를 느끼게 된다. 세부 살이 1년이 지나자 그 결실을 맺었다.

3권의 개인저서가 한꺼번에 출간되었다.《새벽 시크릿》을 시작으로《포스팅 독서법》,《유학원 거치지 않고 세부 살이, 좌충우돌 정착 이야기》 이 하루 사이로 출간되었다. 처음《새벽 시크릿》을 지인에게 알릴 때는 정말 흥분되었다. 먼 이국땅에서 쓴 원고가 책으로 발간되니, 더 특별한 느낌이었다. 그래서 SNS에서도 수고했다는 메시지를 많이 받았다. 하루 상간으로 출간되는 책들이 한편으로 좋으면서 한편으로 너무 시기적으로 몰렸구나, 하는 생각이 들었다. 그래도 좋다. 상황이 이렇게 될 수밖에 없는 중간 과정들이 있었기에, 이렇게라도 출간되어서 감사하고 행복한 마음이다. 책 쓰기는 쓸 때도 좋지만 출간될 때의 맛은 더 좋다. 경험한 사람만이 제대로 그 맛을 느껴볼 수 있다. 시간이 지날수록 왜 진작 책을 쓰지 않았을까? 하는 마음이 들 정도로 책 쓰기는 재미있는 일이다.

필사하는 것도 즐거움이 있다. 필사에 대해 한 번도 생각해보지 않을 수도 있다. 왜냐하면 필사에 대한 고정관념, 남의 것을 베끼는 것에 대해 부정적인 이미지가 없지 않아 있기 때문이다. 살짝 봤을 때는 그렇게 생각할 수도 있지만 필사에 대해 경험하고 좀 더 알게 되면 절대 그런 생각을 하지 않게 된다. 필사하면서 갖게 되는 즐거움을 정리해보자면 다음과 같다.

우선 필사를 하면 나도 할 수 있겠다, 라는 자신감이 생긴다. 필사는 손으로 쓰지 않는 필사를 권한다. 손으로 쓰는 것은 너무 힘이 든다. 손도 아프고, 어깨도 아프다. 나의 경우에만 해당되지 않을 것이다. 더군다나 A4, 2장을 쓰라고 하면 다들 도망갈지도 모른다. 매일 한 챕터, A4 2장을 쓰기는 쉽지 않다. 하지만 자판을 두드릴 때 쉬워지고 매일 쓸 수 있다. 매일 필사하면서 글쓰기에 조금씩 익숙해지면서 나도 글을 쓸 수 있겠다, 라는 마음도 생긴다. 이렇게 매일 씀으로써 얻는 자신감의 충만함을 느껴보시길 바란다.

둘째는 쓰면서 상상하는 즐거움이 있다.

언제 우리가 글이란 것을 길게 써봤겠는가? 하는 마음이 생긴다. 뿌듯하기도 하다. 비록 남의 글을 베껴 쓰는 것이지만 매일 쓰다보면 네 글이 내 글 같고, 내 글이 내 글 같은 느낌을 가지게 된다. 그러면서 진짜 내 글도 쓰게 된다. 글을 쓰면서 점점 나의 미래도 글과 관련된 삶을 사는 것을 상상해보기도 한다. 책 쓰기를 성공해서 나의 이름이 새겨진 책을 가슴에 안고 사람들에게 나의 책 쓰기에 대한 경험을 이야기 할 날을 상상한다. 그리고 수많은 대중들 앞에서 나의 메시지를 전하는 멋있는 광경도 이제 곧 다가올 미래처럼 상상한다. 쓰면서 하는 상상, 그 상상대로 현실이 될 것임을 더욱 믿게 되고 즐겁고 행복해진다.

필사가 재미없을 것이란 선입견을 갖지 마라. 필사에 대해 알게 되면 필사의 색다른 즐거움을 느낄 수 있다. 잘 모를 때 그것이 가치가 없는 것처럼 여겨진다. 세상 모든 것들이 다 그렇지만 특히 필사에 있어서는 그렇다. 그래서 필사의 가치와 즐거움을 아는 사람만이 아는 경우가 많다. 전 인류 중 부자의 비율은 1~2% 밖에 되지 않는다고 한다. 부자가 될 수밖에 없는 비법을 그들은 알고 있었기에 부자가 되었다고 볼 수 있다. 그런 것처럼 인생 첫 책 쓰기를 성공하고 싶은 사람은 책 쓰기 성공의 비법이라고 할 수 있는 필사를 알아야 한다. 그리고 그것을 생활에 끌어들여 실천하는 것이 중요하다고 할 수 있다.한 챕터라도, 한 문단이라도 매일 베껴 쓰기를 함으로써 조금씩 알게 되고, 알게 되면 더 자주 하게 되고, 자주하는 것은 결국 잘 하게 되어 결국 큰 산처럼 보였던 인생 첫 책 쓰기를 무난히 넘을 수 있을 것이다. 때론 특별한 가치가 없어 보이는 작은 행동 하나가 큰 것을 이루게 하는 씨앗이 되듯이 필사를 하면서, 필사를 하는 즐거움을 제대로 느낀다면 인생 첫 책 쓰기도 그렇게 어려운 것이 아니라는 것을 알게 될 것이다.

모방의 가치를 자주 망각한다

—

　새로운 환경이 주어졌을 때 잘 적응하는 방법 중 하나는 먼저 간 사람을 따라하는 것이다. 그 사람은 그 환경을 이미 접한 사람으로서 나름의 정보와 노하우를 가지고 있다. 최소한 나보다는 많이 알고 있다. 그러니 배운다는 마음으로 그 사람을 관찰하고 그 사람의 행동을 그대로 따라하는 것은 매우 유익하다.

　처음 필리핀 세부를 갔을 때가 생각난다. 이민가방 4개 달랑 들고 가족 4명이서 세부를 찾았다. 급작스럽게 무슨 바람이 불었던지, 늦깎이 엄마는 용감했다. 오로지 한 가지 생각으로 도전을 강행했다. 나이 많은 엄마가 어린아이에게 뭔가 특별한 추억과 경험을 만들어

주고 싶다는 것이 그 이유였다. 우리 아이들 입장에서는 엄마, 아빠가 나이가 많으니, 참 운이 없다고 할 수 있다. 함께 보낼 수 있는 시간도, 함께 누릴 수 있는 추억도 젊은 엄마, 아빠보다 적을 수 있다. 물론 사람의 운명이란 나이순이 아니다. 그래도 아이들의 친구들 엄마, 아빠 나이보다도 한 바퀴 돌아 띠 동갑의 차이가 나는 경우도 있으니, 차이가 나도 너무나 난다. 아이는 아직은 엄마, 아빠 나이에 대해 가타부타 운운하지 않지만 분명 그것에 대해 심각하게 생각할 날이 한 번쯤은 올 것이다. 그렇게 생각하기 전, 멋진 추억과 경험을 함께 함으로써 아이가 덜 손해 본 느낌, 그래도 엄마와 아빠의 나이가 많아도 누릴 것은 다 누렸다는 행복감을 느끼게 하고자 세부 살이 강행했다.

나는 세부를 오기 전부터 세부에 살고 있던 사람을 알고 있었다. 세부 살이를 결심하기 전, 아는 동네 엄마와 함께 필리핀 세부를 사전답사 하게 되었고, 그때 방문한 집의 엄마가 A이다. A를 통해서 빌리지와 학교에 대한 정보를 얻었다. 한국에서도 계속 연락을 주고받으면서 세부가기 전 준비해야 할 부분에 대한 조언을 받았다.

세부에 도착해서도 A의 행동을 그대로 따라서 해보려고 노력했다. A가 먼저 세부 살이를 하고 있는 중이었기에 그의 모든 행동들이 나의 세부정착 교과서였다. 특히 A는 젊었을 때 이 곳 필리핀에서 일을 했던 사람이었기에 필리핀에 대해서는 더욱 잘 알고 있었다. 필리핀 사람의 성향, 문화에 대해 알고 있어서 자연스럽게 현지 인들을 대하고 그 현지인들의 민족적인 성향에 대해서도 잘 이해를 하고 받아들인다.

A는 이웃에 살고 있는 아가씨에게 청소 일을 맡기고 있었다. 나는 처음에 누군가에게 집안일을 시킨다는 것이 익숙지 않았다. 한국에서 부자이거나, 특별한 사연이 있지 않는 한 집안일에서 사람을 잘 쓰지 않는다. 하지만 필리핀은 한국이 아니다. 필리핀만의 가장 큰 메리트인 저렴한 인건비 때문에 청소를 시키는 것은 정말 부담이 안 되는 것이었다. 오히려 이웃의 처녀에게 일을 시키는 것은 그 아가씨에게 용돈벌이를 하게 해주는 것이다. 그래서 나도 A를 따라서 이웃의 아가씨에게 청소를 할 수 있는지 물어보았고, 오케이 답을 들었다. 그 아가씨는 A집 일주일에 3일, 우리 집에서 2일, 그렇게 청소를 했다.

필리핀 현지인을 만날 기회를 늘려야 한다. 어차피 한국이 아니기 때문에 빨리 적응하기 위해서는 필리핀 사람과의 접촉 시간을 늘려야 한다. 세부에서 일을 하는 사람이라면 이것이 자연스럽게 해결이 되지만, 일을 하지 않을 경우, 특별히 현지인을 만날 일이 별로 없다. 식당에 밥 먹으러 갈 때는 본다. 하지만 현지인을 보기 위해 매일 외식을 할 수도 없는 것이고, 그래서 청소 아떼를 쓰는 것은 그런 면에서도 좋다. 여기에서는 도움을 주는 사람을 '아떼'라고 부른다. 아떼가 이웃사람이다 보니, 소소한 정보도 얻게 된다. 또한 모르는 것이 있으면 아떼를 통해서 배우기도 한다. 아떼는 필리핀 사람이기에 필리핀에 대한 것들을 많이 알려줄 수 있다. 청소 아떼, 아이를 돌보는 야야, 드라이버, 이런 사람들을 다른 측면에서도 많이 활용이 가능하다는 것, 필리핀 적응에 있어서 이들의 도움을 받을 수 있다는 것을 알게 되었다. 다른 부분에 있어서도 A의 세부에서의 생활 습관을 따라함으로써 '아~ 그래서 A가 이렇게 행동하고 살고 있구나, 나도 그렇게 해야겠다, 라고 많이 느끼게 되었다.

글쓰기에 있어서 남의 글을 베껴 쓰는 것도 이것과 마찬가지이다. 세부 살이를 먼저 한 A를 따라서 내가 행동함으로써 많은 것을 느끼고 배웠듯이 필사를 통해서 작가의 책 쓰기 방법들에 대해 많은 것을 알게 된다. 특히 글의 형식적인 부분에 있어서 반복적으로 확인하고 배울 수 있다. 1꼭지 글에 나오는 내용의 흐름은 물론 쉽게 실수할 수 있는 구체적인 형식적인 부분을 제대로 반복 복습을 할 수 있다는 것이 필사의 매력이다.

필사를 통해서 글을 반복해서 쓰다보면 자신도 모르게 글의 형식들이 몸에 익는다. 외국에서 사는 사람들이 문법을 모르고도 영어를 자연스럽게 잘 하는 것은 그것이 몸에 익었기 때문이다. 어색한 느낌이 드는 말은 문법적으로 이상한 것이다. 비록 문법을 잘 몰라도 직감적으로 틀린 말은 가려낸다. 그것과 같이 필사를 오랫동안

한 사람은 보통 써야 할 글의 형식적인 부분이 틀렸을 경우에 직감적으로 알게 된다. 그렇게 쓰면서 자동적으로 공부가 된다.

형식적인 것을 이론으로만 배운다면 어렵게 느껴질 것이다. 달달 외우더라도 금방 잊어버린다. 특히 나이 들면 외우는 것이 너무 어렵다. 그렇기 때문에 방법은 한 가지, 반복이다. 반복적으로 배워야 할 그것에 자신을 노출시키는 것이다. 글을 잘 쓰려면 글쓰기에 자신의 시간을 할애해야한다. 매일 쓰면서 글의 자연적인 논리적인 흐름은 물론이고 글의 형식적인 부분까지도 흡수 할 수 있다. 그래서 베껴 쓰는 것이 최고로 잘 배우는 지름길이다.

사람들이 필사를 꺼려하는 이유 중 하나가 모방의 중요성을 자주 망각하기 때문이다. 모방이 없다면 배움도, 새로운 창조도 일어나기 어렵다. 그럼에도 불구하고, 이 진리를 잊고 산다. 자유로운 인간이고 싶고, 나만의 존재감을 확실히 나타내는 것에 집중하고 싶겠지만, 그것은 제대로 배우고 난 뒤 조금 뒤로 미루어 두어야 한다. 제대로 배우지 않고는 제대로 쓸 수도 없다는 사실을 먼저 받아들이자. 모방이 배움의 최고 방법이란 것을 잊지 말고 글 쓰고 책 쓰기에서도 활용하자. 필사, 책 쓰기를 가장 쉽게 배우는 가장 좋은 방법이다. 잊지 말자.

PART. 3

책 쓰기 전, 필사를 해야 하는 이유

글쓰기에 자신 없는 사람일수록 필사부터 해라

—

　필리핀에 잠시 살 때, 아이들은 방학이 끝나고 학교 가기를 싫어
했다.이 곳 필리핀 세부에서는 방학이 길다. 한국과 달리 1년에 한
번 있고 길게는 2개월 반이 방학이다. 3월 말에 학기가 끝나서 6월
중순경 개학을 한다. 세부시내는 8월에 개학하는 학교도 있지만, 대
부분 6월 개학이다. 2달 반 이상 쉬고 난 아이들은 학교 가는 것이
걱정이라고 말할 정도로 개학을 싫어했다. 작은 아이는 생각만 해
도 몸서리를 쳤다. 그렇게 힘들어 하더니, 개학하고 학교를 갔다 와
서 그 마음이 좀 사라진 듯하다. 그냥, 당연히 가야하는 곳, 학교이
다, 라는 몸짓으로 다음 날 아침, 시간이 되자 가방을 챙긴다.

이렇듯 부정적인 감정이 강했던 일들도 막상 행동을 하게 되면 실제 그렇지 않은 경우가 많다. 그렇게 싫을 것도, 그렇게 자신 없을 것도 없이, 걱정과 달리 할 만 한 일이 되는 것이다. 아이 뿐 아니라 어른도 마찬가지이다. 행동, 그 자체가 부정적인 마음을 사라지게 하는데 효과가 있다는 것이다.

이때까지 살면서 내가 자신 없었던 일중의 하나가 책 쓰기였다. 왜냐하면, 그 동안 살면서 글이란 것을 제대로 배워보지도 못했고 써보지도 못했기 때문이다. 그래서 나는 국문학과출신의 사람들을 너무나 부러워했다. 내 인생 첫 책인《하루 한권 독서법》을 쓸 때도, 그랬었다. 함께 책 쓰는 사람 중에도 국문학과 출신이 있었다. 그 분은 대학 때 글이란 것에 대해 배웠을 것이고 과제를 해도 국문학과이기에 글쓰기를 자주 했을 것이다. 그래서 국문학과를 나온 그 사람에 대해서 별 무리 없이 책 쓰기를 무난히 잘 완성할거야, 라고 생각했다. 상대적으로 나는 한권의 책 출간이 너무나 아득하게 느껴졌다.

하지만 책 쓰기는 달랐다. 국문학과 출신이라고 책 쓰기를 더 잘 하는 것은 아니다. 왜냐하면 책 쓰기는 글쓰기와 다르기 때문이다. 글을 아무리 잘 써도 책 출간까지 가고 안 가고는 글 잘 쓰는 것과는 절대적인 상관관계가 있는 것은 아니었다. 글쓰기와 책 쓰기가 같아 보이지만 같지가 않았다. 오히려 글을 잘 쓰는 사람이 출간으로

까지 가지 못한 경우가 있다는 것이다.

나는 현재 보건교사로 재직 중에 있다. 30대 중반쯤 임용고시 시험을 봤었다. 임용고시 시험에는 종류와 상관없이 국가 기술 자격증이 있으면 가산점이 있었다. 0.1점 차이로 합격의 당락이 결정되는 임용고시에서 많은 사람들이 국가 기술 자격증을 취득하기 위해 노력했다. 나도 마찬가지였다. 내가 선택한 국가 기술 자격증은 한식요리사 자격증이다. 요리에 대해 조금은 관심이 있고, 그래도 좀 한다고 생각했기에 그 자격증을 취득해야겠다고 생각했다. 그래서 하루 3시간씩 요리학원을 다녔다. 요리학원에서는 가정주부들도 많았다. 식당개업을 목표로 학원을 다니는 사람도 있고, 중학생들도 있었다. 중학생은 정말 요리에 관심이 있는 아이들일 가능성이 높다. 나는 임용고시까지 한 번의 시험을 응시할 수 있다. 오로지 한 번, 첫 시험에 합격하리라는 야무진 각오를 하고 열심히 수업을 들었다. 아주머니들도 다들 음식 하는 것이 주특기인 그들에게 학원에서의 요리는 정말 쉬웠을 것이다.

한식요리사자격증 합격한 사람 중에 주부들이 없었다. 음식 맛이라면 뒤지지 않는 실력자이지만 그런 실력 말고 다른 무엇인가가 이 자격증에서는 필요했던 것이다. 그것은 다름이 아니라 음식 한 가지만 보지 않는 것이다. 예를 들어 무채 썰기일 경우 무 두께를 어느 정도 맞추어야 한다. 그리고 요리 중간에 청결한 것도 체크대상이다. 오로지 음식 자체만 보는 것이 아니라, 음식외의 것들, 즉 음식 하는 과정에서부터 음식이 만들어져 나온 모양까지, 전체적으로 깔끔하고 조화롭게 했는지의 여부를 체크한다. 음식만 잘 해서는 합격할 수가 없다. 다행히 나는 요리솜씨는 좀 뒤지지만, 전반적인 부분에서 고루 무난했기에 아마도 1차에 합격을 할 수 있었다.

책 쓰기 자체도 마찬가지이다. 글쓰기 자체가 좀 뒤지더라도 책 쓰기는 가능하다. 글쓰기가 글 자체에 비중을 많이 두는 것이라고 한다면, 책 쓰기는 중간 수준의 글쓰기 + 알파, 라고 말할 수 있다. 글을 아주 잘 쓰지 못하더라도, 쓰고 있는 그 주제에 대한 자신의 메시지와 노하우들을 리얼한 체험과 함께 녹여내면 된다. 그리고 조금은 투박하고 서툰 메시지이더라도 살면서 깨닫게 된 진솔하고 진정성 있는 그것을 쓰는 것이 최고가 될 수 있다. 그래서 사례를 넣을 때 남의 사례도 좋지만 자신의 사례위주로, 자신의 이야기만으로 다 채워도 읽을 만한 가치가 있는 한 권의 책이 만들어지게 되는 것이다. 글쓰기 자체가 조금 서툴러도 기본만 한다면, 책 쓰기에서는 문제가 크게 되지 않는다. 쓰는 주제에 대해 경험과 노하우를 가지고 있고 자신의 메시지가 있다면 그것을 버무려 끝까지 책 한권의 분량으로 채워주면 된다.

책 쓰기를 본격적으로 시작하기 전 나는 필사를 했었다. 필사를 2~3달하면서 글이란 것과 친해지려고 노력했다. 필사를 생각해 냈다는 것이 지금생각하면 얼마나 다행인지 모른다. 나에게 책 쓰기를 조언한 사람은 왜 그 좋은 것을 말하지 않았을까? 하는 의구심이 든다. 그것을 몰랐을까? 하지만 괜찮다. 어찌하였던, 나는 그때 내 인생 첫 책을 쓰기 전부터 혼자서 스스로 터득하고 필사를 하고 있었다. 그것이 있었기에 나는 글쓰기에 자신감을 가지게 되었고《하루 한권 독서법》이란 첫 책을 무난히 세상에 선보일 수 있었다.

지금도 나는 필사가 나에게 책 쓰기를 할 수 있는 많은 힘을 심어주었다고 강조한다. 취약한 부분이 사람들은 있게 마련인데, 글 쓰는 것에 있어서는 다들 비슷하게 어려움을 느끼고 있다. 글 쓰는 것에 대해 학교에서도, 집에서도 제대로 배우지 못했다. 한국에서 자란 대부분의 사람들이 비슷한 상황일 것이다. 글 쓰는 것을 남들보다 잘하는 사람이라면 스스로 발견하고 글쓰기 자체를 즐겼기 때문일 것이다. 아무리 유능한 재능을 타고 나도 그것을 반복하지 않으면 그 재능을 발굴하고 키울 수가 없다. 재능을 타고 나는 사람도 매일 글을 쓰는데, 글 쓰는 재능이 있는지 없는지 모르는 상황이라면, 더군다나 책 쓰기를 하려는 사람이라면, 당연히 글을 써야 한다. 그것도 매일 써야 한다.

하지만 매일 자신의 글을 쓰기가 쉽지 않기 때문에 필사를 하는 것이다. 필사를 하면 매일 쓸 수 있다. 필사를 하는 가장 큰 장점이 바로 이것, 부담 없이 매일 글을 쓸 수 있다는 점이다. 이것은 우리에게 글쓰기에 대한 자신감을 심어준다. 남의 글이라도 상관없다. 솔직히 글에 대한 자신감이 없는 이유를 따져봤을 때, 그것은 글을 자주 쓰지 않았기 때문이다. 아무리 자신감이 없는 일이라도 매일 한다면 그것에 대해서 잘 알게 되고 알게 된 만큼 자신감을 가지게 된다. 누구는 이렇게 말한다. 잘하고 싶으면 매일해라. 이 말처럼, 매일 하는 것은 자신감이 생기고 잘하게 되는 것이다. 책 쓰기의 자신감도 자주 쓰는 것에 있다고 인지하고 매일 필사하기를 권한다.

책 쓰기가 자신 없다고 말하는 사람이 많다. 그것은 당연한 것이다. 해보지 않은 것을 나는 잘 할 수 있다, 라고 호언장담하는 사람이 더 이상하다고 생각한다. 비록 지금은 자신감이 없지만 필사를 통해서 그 자신감을 챙길 수 있다. 인생 첫 책 쓰기일 경우에는 더욱 망설이게 되는데, 그 망설임도 필사를 하면 좋아진다. 나또한 인생 첫 책을 쓰기 전 자신이 없었다. 책 쓰기 자신 없는 것은 누구나 겪는 책 쓰기 전에 경험하는 마음의 감기와 같은 것이다. 감기는 비타민을 챙겨먹고, 물 많이 마시며, 운동하면서 서서히 이겨낼 수 있다. 그것처럼 책 쓰기에 대한 자신감 결여도 필사로 서서히 해결된다. 한, 두 달 시간을 투자한 필사로 인해 당신은 힘 있게 책 쓰기를 시작할 수 있을 것이다. 필사부터 하길 바란다. 머지않아 당신이 원하는 대로 당신의 멋진 책이 세상에 나오게 될 것이다.

내 글쓰기보다 남의 글 베껴 쓰기가 쉽다

—

　새로운 영역을 시작하고 잘 하기 위해서는 통과의례라는 것을 넘기게 된다. 세부 살이 적응도 그랬다. 세부살이 할 때, 어떻게 하면 쉽고 자연스럽게 세부에 잘 정착할 수 있을지 고민했는데, 시간이 지나면서 나름의 해답을 찾았다. 통과 의례처럼 느껴졌던 그 경험들이 잘 정착하는 해답이었다.

　필리핀 세부란 곳에 잘 정착하기 위해서는 우선 좀 쉽게 접근해야 한다. 왜냐하면 너무 힘들게 에너지 빼면서 적응하려고 용을 쓰다보면 부작용이 더 크게 발생하기 때문이다. 오래달리기를 할 때의 태도와 방법이 세부 살이 적응 방법에도 적용된다. 처음에는 천천히 그야말로 하루에 한 개씩 배운다는 생각으로 시작하는 것이다. 이웃에 한국 사람이라도 있다면, 그 사람의 도움을 조금씩 받을 수 있다. 세부에 먼저 온 사람은 나에게 세부정착 정석이 될 수 있다. 그 사람에게 대수롭지 않은 일들, 즉, 학교에 아이들 학비 내는 법, 아이들 학교준비물 준비하는 법, 전기세 내는 법, 인터넷 사용하는 법, 월세 내는 방법, 한국사람 입맛에 맞는 음식 찾는 법, 기타 등……. 모든 것들이 이제 갓 세부 정착하는 사람에게는 귀한 정보이고 배움이다.

그래서 세부정착 잘하기 나만의 방법은 우선은 이웃에 사는 사람이 하는 것을 따라 하기였다. 나는 말도 잘 통하지 않고, 스스로 할 수 있는 일이 많지 않기 때문에 눈으로 관찰하고 배우기로 생각했다. 직접 행동을 보고 배우는 것은 가장 확실한 방법이라 판단했다. 그래서 될 수 있으면 이웃에 사는 한국 사람이 어디를 간다고 했을 때 상황이 되면 항상 함께 다녔다. 그 사람이 하는 말 한마디, 행동하나, 세부에서 일을 처리하는 방식 하나하나가 내가 참고해야 할 중요한 부분이었다.

처음에 와서 가장 많이 느꼈던 세부의 문화는 현지인들의 일처리가 빠르지 않다는 것이다. 더운 나라라는 환경의 특성에 맞게, 성질 내지 않고 그냥 느긋하게 일한다. 한국 사람의 일처리와는 180도 다르다고 생각한다면, 마음이 편하다. 대표적인 예가 집 구매 후 하는 명의 이전이 6개월 이상 걸린다. 우리나라는 구매하는 그 자리에서 모든 행정적 절차가 마무리되지만, 여기에서는 최소 6개월이 걸린다고 한다. 명의 이전 기간이 너무 길어서 한국 사람은 아마도 필리핀 부동산 구매를 꺼려할 수 있을 것 같다는 생각이 든다. 전반적인 일처리가 그렇다. 로마에 와서는 로마의 법대로 나를 바꾸고 적응시켜야 하듯이, 필리핀에 잘 적응하고 살려면 필리핀 식 사고와 행동 또한 나에게 필요한 것이다. 그렇게 필리핀에 와서 사는 한국 사람은 그렇게 자신을 조금은 느긋하게 바꾸면서 세부에 적응하고 살고 있었다. 이웃에 사는 한국 사람을 보면서 나는 나의 행동 뿐 아니라 마음자세까지 바꾸면서 세부생활에 적응을 하게 되었다.

따라 행동하기는 쉽다. 행동을 먼저 그대로 하는 것이기에 그 행동으로 인해 내가 달성하고자 하는 그 분야에 조금은 쉽게 접근할 수 있다. 따라서 하다보면 그에 따라 행동과 관련된 사고방식도 변화가 된다. 쉽게 따라하고, 그 주제에 대한 행동방식과 사고방식을 함께 배우게 되는 것이다. 결국 그 주제에 대해 잘 알게 되고 그것을 나의 삶의 일부분으로 자연스럽게 끌어들이게 된다.

책 쓰기도 마찬가지이다. 필사를 하면, 어렵게만 생각하는 글쓰기를 조금은 쉽게 익힐 수 있다. 시작해야 한다. 필사의 가장 큰 매력은 글이란 것을 쉽게 쓸 수 있다는 것이다. 남의 글 따라 쓰기, 쉽기 때문에 부담 없이 시작할 수 있다. 부담 없이 시작한 글쓰기로 인해 책 쓰기도 덜 부담스럽게 시작할 수 있다. 처음부터 너무 큰 것을 생각하고 하면 시작을 못한다. 한 권의 책을 쓰겠다고 하면서 한 권을 생각하면 안 되는 것이다. 한 권의 책이 40개의 챕터 글이 모여서 된 것이기에 우선 한 챕터의 글만을 생각하면 된다. 한 챕터, 한 챕터, 이제부터 필사로 따라해 보겠다고 다짐해보자.

필사하기가 쉽다고 해서 그 효과가 약하거나 없다고 생각하지 말자. 하기 쉽기 때문에 오히려 많은 이점이 있다. 남의 글을 쓰는 필사가 좋은 이점은 다음과 같다.

첫째는 글쓰기를 시작하기 쉽다.

책 쓰기도 글쓰기이기 때문에 어찌하였던 글이란 것을 써야 한다. 잘 쓰든 못쓰든 글쓰기를 시작해야 하는데, 대부분의 사람이 이것에 대한 부담감이 있다. 알다시피, 우리나라 교육과정에서 글쓰기를 그다지 강조하는 시스템은 아니다. 어떤 주제를 정해서 자료를 찾아보고 자신의 메시지를 만들어 논리정연하게 하나의 글로 써내는 외국의 교육과는 다른 상황에서 자랐다. 그런 상황에서 어린 시절을 보냈기에 당연히 글쓰기란 것을 어렵게 생각하게 되었다. 이것은 어쩔 수 없다. 개인적으로 글쓰기에 대한 거부감을 극복해야한다. 글 쓰는 사고, 글 쓰는 습관이 형성이 안 되어 짧은 글쓰기 자체도 부담스러워 하는 것이기에 스스로 극복하려고 노력하면 충분히 가능하다고 할 수 있다. 필사가 그 극복을 도와준다. 필사를 통해서 글쓰기의 고충에서 벗어날 수 있다.

둘째, 그냥 따라 쓰기만 하면 된다.

나는 1꼭지를 쓸 때 먼저 개요부터 작성한다. 개요가 바로 1꼭지 구성이 되는 것이다. 개요를 작성하기만 하면 1꼭지 쓰는 것은 좀 더 쉬워진다. 그렇기 때문에 어떤 글을 쓰더라도 개요는 기본으로 쓰면 좋을 것이다. 개요 쓰는 방법은 서론-본론-결론형식이다. 이 형식에 맞추어서 어떤 사례와 메시지를 넣을지 미리 간단히, 아주 간단히 작성한다. 이 과정이 중요한 만큼 1꼭지 쓰는데 걸리는 총 시간의 1/3 시간이 할애된다. 하지만 필사는 이런 과정이 필요 없다. 개요를 쓰는 과정 없이 쓸 수 있다. 그냥 따라 쓰기만 하면 되는 것이기 때문이다. 그래도, 쉽게 쓰면서 가랑비에 옷 젖듯이 글쓰기에 대한 감을 잡는다.

셋째, 필사는 짧은 시간에도 가능하다.

필사의 시간은 특별히 긴 시간만을 요구하지 않는다. 짧은 시간도 충분히 가능하다. 왜냐하면 특별히 고심해서 직접 쓰는 글이 아니기 때문이다. 그냥 베껴 쓰는 것이기에 남는 시간에, 자투리 시간에 할 수 있다. 무엇인가를 자투리 시간에도 할 수 있다는 것은 많은 메리트가 있다. 생활에서 자투리 시간은 얼마든지 찾을 수 있기 때문이다. 사실 내 글을 쓸 때는 이런 자투리 시간은 무용지물이다. 최소한 1시간이라도 덩어리 시간이 필요하다. 하지만 필사는 단지 10분이라도 시간이 있다면 쓸 수 있다. 그렇기 때문에 수시로 할 수 있고, 그것이 나의 내공으로 자리 잡는 데 큰 공이 된다.

넷째, 글쓰기가 이제 나에게 특별한 것이 아니다.

영어권 나라인 이 곳 필리핀에서 세부 살이를 하다 보니, 듣는 영어가 조금씩 익숙해졌다. 어떨 때는 주변에서 하는 말이 영어인지 한국말인지 구분이 안 갈 때가 있다. 한국말도 영어처럼 들릴 때가 있었다. 영어가 그만큼 어색하지 않다는 의미일 것이다. 이렇게 하다가 점점 영어를 분명히 듣게 되는 단계가 올 것이다. 영어뿐 아니라 다른 것도 일단 그 환경에 자신을 노출시키는 것이 중요하다. 글쓰기, 책 쓰기도 마찬가지이다. 우선 글 쓰는 것에 자신을 노출시켜야 글쓰기 하는 것을 아무렇지 않게 하는 것이다. 그것의 최고 방법이 필사이고, 그 필사를 통해 글쓰기에 대한 부정적인 마음이 걷어지면서 글쓰기가 특별한 것이 아니게 된다. 글쓰기에 대한 부담감만이라도 줄이게 된다면 필사로 인해 많은 것을 얻은 것이나 마찬가지이다. 왜냐하면 이 부담감으로 사람들이 글쓰기 자체를 시도하지 않기 때문이다.

글쓰기를 익히는 방법은 남의 글 필사하기이다. 직접 내가 쓰는 글쓰기가 필사로 가능하다는 것이다. 글쓰기 하는데, 필사는 안 되라는 법은 없다. 필사에 대한 선입견을 걷어내고 필사를 새로운 관점으로 봐야한다. 필사를 하느냐 안하느냐에 따라 책 쓰기 시작 장벽을 쉽게 넘느냐 못 넘느냐가 결정될 수도 있다. 책 쓰기 시작 부드럽고 자연스럽게 하는 방법으로 필사를 이용하기를 권한다. 내 글쓰기보다 남의 글쓰기가 쉽기 때문에 글쓰기 부담 없이 할 수 있다. 얼마나 다행한 일인지 모른다. 이런 방법에 대해서 미리 알고 있다면 평생 버킷리스트였던 내 책 쓰기 달성은 시간문제가 된다. 정말 가슴 벅차오를 것이다. 남의 글 쉽게 쓰고 내 글쓰기, 내 책 쓰기 가능하니, 지금 당장 필사부터 시작하자.

쓰는 것에 대한 어색함이 사라진다

—

내 인생 첫 책 쓰기를 할 때, 나는 작가라는 호칭으로 불려졌다.

"나 작가님."

처음에 이 호칭이 어색했다.

'아니, 내기 작기라고?'

'아직 나는 책도 출간하지 않았는데……. 작가는 아니지!'

마음에서부터 약간의 거부감이 일어났다. 이런 거부감과 함께 어색한 기분이 들었다. 하지만 시간이 지날수록 어색함은 사라졌다. "나 작가님", 이란 표현이 이제 자연스럽게 되었다. 누군가 "나 작가님", 이라고 부르면, 스스로 몸 둘 바를 몰라 어색하고 안전부절 못했었는데, 점점 그 소리에 당당하게 "예?"라고 대답했다. 나의 뇌에서는 벌써, 나를 작가로 받아들인 것이다.

의식이 먼저다. 책을 쓰고 싶은 마음은 있지만 아직 나의 머리로는 그것이 불가능하다고 생각한다면 현실로 나타나기 힘들다. 나의 의식에 그것이 먼저 와야 현실로도 그것이 나타나기 때문이다. 이 진리에서 벗어나는 결과물은 세상에 하나도 없다.

책 쓰기 할 때, 나는 '작가'라는 것에 나의 의식을 먼저 갖다 두었다. 나 스스로 작가라는 것이 어색한데, 어떻게 작가가 되겠는가? 작가라는 의식을 머리에 제대로 각인시키는 것, 내가 사용한 방법 3가지가 있었다.

우선, 내가 작가가 되었을 때를 마음껏 상상했다. 그리고 믿었다.

2018년 4월 《하루 한권 독서법》이 출간되었다. 이때 나는 하늘을 나는 기분을 제대로 알게 되었다. 많이도 기다렸던 순간이다. 나의 인생 첫 책을 보는 그 시간, 그 누구도 부럽지 않은 순간이었다. 여기저기에서 "대단하다", 라는 인사를 들었다. 무엇보다, 내 스스로 해냈다는 자부심이 컸다. 쪼그라진 자존감도 공기로 빵빵하게 채워진 풍선마냥 활짝 펴진 느낌이다. 불가능할 것 같았던 책 쓰기가 완성된 것이다.

나는 이미 이런 모습들을 4개월 전부터 상상했다. 인생 첫 책을 출간하고 책들을 가슴에 안고 기뻐하는 나의 모습을 벌써 보았다.

주변으로부터 작가님이라는 소리를 들으며 많은 사람들 앞에서 나의 독서경험을 강연하는 모습을 이미 상상하였다. 마음껏, 돈 들어가는 것도 아닌 그 상상, 그 상상의 위대한 힘으로 나는 상상한 그대로 현실로 만들었다. 만약 작가가 된 모습을 구체적으로 상상하지 않았다면 나는 그것을 여전히 어색하게 여기면서 현실로 만들지 못했을 것이다.

나는 또한 상상만으로 끝내지 않았고, 그것을 믿었다. 그 말이 그 말 같겠지만 확연히 다르다. 꿈을 이루려면, 그것을 바라지만 말고, 그것이 이루어졌다 믿으라고 했다. 바라는 것과 이루어졌다 믿는 것은 하늘과 땅의 차이이다. 이 차이점을 잘 모르기 때문에 사람들은 소중한 자신의 꿈, 현실로 만들고 싶은 자신의 간절한 목표를 바라기만 하는 실수를 저지르고 있다. 바라기만 해서는 이루어지는데 시간도 많이 걸리고 어렵다. 나의 꿈이 이루어졌다, 이미 달성되었다고 믿는 것, 그것이 꿈을 현실로 만드는 비법이다. 나의 책 쓰기도 그렇게 상상하고 달성되었다고 믿었다. 그 믿음대로 나의 인생 첫 책은 출간이 되었다.

둘째, 작가의식을 각인시키기 위해서 나는 필사를 매일 했다. 글 쓰는 것에 익숙하게 하기 위해 필사를 하기로 했다. 필사라는 것은 평생 처음이었다. 필사를 어떻게 해야 하는지 자세히 모르지만 내 식으로 필사를 했다. 필사하는 방법이 어려워 필사를 하지 못하기보다 방법을 쉽게 해서 매일 쓰는 것에 주안점을 두었다. 보통 필사라면, 연필로 해야 한다고 했고, 나또한 그렇게 알고 있어서, 나는 반드시 연필로만 해야 한다고 생각하고 있었다. 그래야 필사의 효과가 있다고 생각했다. 하지만 손으로 뭔가를 쓴다는 것이 너무 어렵게 느껴졌다. 만약 손으로 써야 된다면 필사자체를 거부하게 될 것 같았다. 그래서 그냥 워드로 치는 것으로 방법을 정하고 매일 한 챕터씩 필사를 했다. 해본 사람은 알게 될 것이다. 필사의 놀라운 힘을 느끼게 된다. 직접 손으로 쓰지 않아도 그 효과는 놀라웠다. 그렇게 워드로 수시로 필사하면서 글쓰기에 대한 어색함도 극복할 수 있었다.

세 번째, 작가의식을 각인하기 위해 작가의 마음으로 글을 쓰는 것이다. 내가 직접 작가가 되는 것이다. 비록 현재 출간되기 전이라도 상관 없다. 작가처럼 매일 글을 써다보면 진짜 작가가 될 것이라고 믿었다. 사실, 확신가운데 하는 일들은 현실이 되기가 쉽다. 예를 들어 설명해보겠다. 보통 강연가라면 강연에 성공하고 싶은 마음이 크다. 사람들을 제대로 동기 부여하고 그 사람들이 멋진 도전을 하기를 바란다. 그래서 강의 성공을 위해 강의 장소를 미리 가본다. 미리 가서, 그 장소의 분위기를 느껴본다. 강의 장의 구조는 어떻고, 저 강단에 서서 강의하는 모습, 열강 하는 모습, 청중들이 박수갈채를 보내는 모습을 연달아 상상한다. 이것은 강사라면 누구나 강의를 잘하기 위한 노하우로 알고 있는 부분이다. 미리 가본다는 것이 불가능할 수도 있다. 사실 강의하는 장소가 너무 멀리 떨어져 있는 경우 불가능하게 된다. 이런 상황에서도 최소한 1~2시간 전에는 도착해서, 미리 강의 장을 둘러보고 강의 장 분위기를 파악하고, 멋진 상상을 하는 것이다. 이렇게 미리 둘러보고 상상으로 미리 강의를 해보고, 멋진 강의 장면을 연상하는 것은 실제 멋진 강의를 하게 되는 시발점이 된다. 자신이 마음먹은 대로 행동한 대로 현실은 이루어진다는 것을 알 수 있다. 책 쓰기도 마찬가지이다. 작가가 되었다고 생각하고 작가처럼 행동하면 의식 자체가 변화되고 의식대로 현실로도 실제 작가가 되는 것이다.

어색함이 느껴지는 일은 성취와 성공이 느리거나 어려울 수 있다. 먼저 그 어색함부터 없애야 한다. 남들이 무엇이라고 하든, 나 스스로 그런 감정에서 벗어나기 위해 노력해야 한다. 책 쓰는 사람이 책 쓰기가 어색해서는 어떻게 책을 쓸 수 있겠는가? 어떻게 작가가 될 수 있겠는가? 한 권의 책도, 작가라는 신분도 다 자신의 마음속으로부터 나오는 것이다. 마음과 의식이 먼저 그것을 이루었다고 상상한다면 어색함을 날려버릴 뿐 아니라 평생 소망인 한 권의 책도 실제로 손에 잡을 수 있다. 어색함이 수시로 다가온다면 당신의 의식과 마음을 먼저 챙겨야 한다는 신호라고 생각하자. 로또 1등, 당첨된 사람들이 자신의 인생은 물론 주변 가족들의 인생까지 망치는 경우를 종종 본다. 그것자체는 의식이 현실을 따라가지 못했기 때문이라고 할 수 있다. 로또당첨으로 인해 부자가 되었지만 부자마인드로 의식의 변화가 없어서 결국, 부자라는 현실도 사라지게 된 것이다. 글쓰기에 대한 어색함이란 것을 필사로 멋지게 날려버려야 할 필요성이 여기에 있다. 어색함이 함께하고는 당신의 책도, 작가라는 명함도 갖기 어렵게 될 것이다. 설사 갖게 되더라도 맞지 않는 옷처럼 어색해서 그것을 피하려 할지도 모른다. 이제, 책 쓰기 전, 나의 어색한 마음부터 걷어내는 지혜를 발휘해 보자.

쓰는 습관을 내 삶에 장착한다

—

평상시, 나는 새벽에 일어나려고 노력한다. 독서를 하면서 새벽의 특별함을 알게 되었기 때문이다. 새벽의 특별함이란 초집중과 빠른 성과물이다. 새벽만이 가지고 있는 에너지, 그 에너지로 인해 누구나 초 집중과 함께 놀라운 성과물을 낼 수 있다는 것이다. 사람들이 새벽을 잘 모르기 때문에 쉽게 그냥 흘려보낸다. 하루에 딱 한번 있는 그 시간을 자신의 인생에 활용한다면 탁월하고 특별한 인생을 살 수 있을 것이다. 내가 새벽의 창조적인 에너지와 집중력을 활용해서 이 시간에 꼭 하는 것이 있다. 그것은 바로 글쓰기 이다. 새벽 시간이 특별한 만큼 소중하고, 아깝다. 그래서 나의 하루 중 가장 중요한 일이라고 규정한 쓰는 일을 그 시간에 효과적으로 한다.

때론 새벽시간, 마음이 급해진다. 이 새벽시간이 다 가기 전에 계획한대로 글을 쓰고 싶기 때문이다. 하지만 나는 해야 할 일이 많다. 그 해야 할 일들을 건너뛸 수도 없다. 새벽 현관문을 열자마자 뛰어오는 길고양이들의 밥을 챙겨주어야 하고, 또 아침 마다 아이들의 도시락 2개를 싸야 하기 때문에 그것도 미리 준비해야한다. 필리핀 세부살이때 나의 모습이었다. 세부 살이를 아이 둘과 함께 했었다. 세부는 학교 급식이 없기 때문에 점심 도시락을 싸야 했다. 한국에서는 특별한 소풍날이나 싸던 도시락을 매일 싸야 했다. 매일 싸면 이것도 아무렇지 않게 하리라 생각했는데, 이것만은 아니었다. 시간이 지날수록 도시락 반찬을 뭐로 싸야하고, 어떤 것을 더 맛나게 해서 싸줄까 고민이 되었다. 학교 급식이 있다는 자체가 엄마들에게는 행운이다. 그것을 세부에 와서 알게 되었다. 이렇게 해야 할 일들을 하고 난 뒤 나는 글을 쓴다. 그러니 내가 사용하고 싶은 만큼 새벽시간은 넉넉하지가 않을 때가 많다.

그래도 할 일하고 남는 시간 30분, 1시간 동안 글을 쓸 수 있어 다행이라 생각한다. 새벽 글을 쓰면서 더 글을 써야겠다는 생각을 하게 되었다. 아침 여유 없고, 바쁜데, 글까지 써야하나?, 아니야 아이들을 학교 보내고 쓰자, 라고 생각한다면 마음은 편할 수 있다. 하지만 아이들이 학교 간 후에 또 어떤 일들이 있을지 모른다. 이웃에서 사람이 놀러올 수도 있고, 학교에서 연락이 올 수도 있다. 새벽시간에는 아무도 깨어있지 않기 때문에 나만 조금 열심히 서두르면 글을 쓸 수 있다. 그래서 새벽시간, 넉넉하지 않더라도 이 새벽에 매일 쓰려고 한다. 매일 쓰는 것이 그 어떤 습관보다 나의 인생에 도움이 되고 특별한 결과물을 안겨다 주리라고 믿는다. 글 쓰는 습관은 내 인생에 황금 알을 낳는 습관이 될 것이다.

나는 매일 하루 한 꼭지를 목표로 쓰고 있다. 1꼭지라고 한다면 A4 2장에서 2장반이다. 이것은 보통 책에서 한 챕터에 해당된다. 이렇게 1꼭지를 매일 쓰는 것은 자신에게 특별한 의미가 있다. 그 특별한 의미는 다음과 같다.

첫째는 1꼭지씩 매일 쓰다보면 어느 날 책 한권 분량이 되고 이것으로 출간의 기회를 가진다. 그래서 글을 쓰기 전에 목차를 만들어서 매일 1꼭지씩 쓰려고 한다. 그렇게 하면 최대 40일이면 책 한권 분량이 나오게 된다. 그것이 한 권의 책으로 출간되는 행운이 나에게 찾아오게 된다. 매일 A4 2장정도만 썼을 뿐인데 한 달 조금 지나서 책이 될 수도 있다는 것이다. 물론 계약을 해야 하는 또 하나의 관문이 남아있지만, 그것도 여러 개 초고를 쓰다보면 실력도 향상되고 실력이 향상된 만큼 출판사로부터 러브콜을 받을 수 있는 기회는 많아진다.

다음으로는 1꼭지씩 매일 씀으로써 자신이 글 쓰는 삶을 살게 된다는 것이다. 《하루 한권 독서법》을 출간하기 전에는 이 세계를 잘 몰랐다. 단지 나와 글은 맞지 않아, 더 정확한 표현으로 하자면, 글 쓰기는 자신 없어, 내 인생에 글이란 없어, 이었다. 하지만 결심과 함께 책 쓰기를 시작하게 되었고, 그것이 결국 한 권의 책이란 결과 물을 얻게 되었다. 그렇게 나의 생각을 바꾸니, 다른 세계를 살게 되 고 다른 삶을 살게 된 것이다. 이제 출간 이후 나는 계속 글을 쓰는 삶을 살고 있다. 매일 쓰다 보니, 세상을 보는 관점도 바뀌었다. 때 때로 무의미하게 느껴지던 삶이 소중한 글감이 된다. 어떤 상황에 서든 그 가치와 의미를 찾을 수 있게 되었다. 나에게 쓸 글감은 계속 존재하게 되는 것이고, 글감이 있는 한 나는 계속 쓰게 되는 것이다. 이런 사고의 변화, 삶을 사는 방식의 변화가 나는 감사하다.

새벽 1꼭지 쓰기가 결국 쓰는 습관을 형성하였듯이 필사 또한 나 의 글쓰기 습관을 형성하는데 많은 기여를 했다. 나는 출간 전, 필사 를 습관으로 만들기 위해 노력했다. 필사를 통해서 나는 매일 글을 쓰게 되는 것이다. 매일 하다보면 글쓰기 자체가 습관이 된다. 필사 로 인해 쓰는 습관을 형성하게 되는 것이다. 그렇게 쓰는 습관이 내 삶에 장착되면 글쓰기 능력자체는 몰라보게 좋아지고 발전하게 된 다. 필사로 쓰는 습관이 형성된다면 다음과 같은 구체적인 변화가 삶에 일어날 것이다.

우선 글쓰기 실력이 성장한다.

가랑비에 옷 젖듯이 글쓰기를 매일 하면 매일 조금씩 쓰는 실력이 성장한다. 남의 글 베껴 쓴다고 성장이 안 된다, 라는 선입견은 버려야 한다. 모방에서부터 배움과 창조가 있게 마련이다. 연극배우나 드라마의 연기자들이 자신이 하는 역할과 같은 삶을 사는 경우를 보게 된다. 이것은 쉽게 이해가 가는 부분이다. 왜냐하면 비록 연극이고 영화이겠지만 그런 삶을 살아본 것이기 때문에 다시 그런 삶을 선택할 확률이 높아지기 때문이다. 사람이 자신이 해봤던 것, 자신이 아는 것 한도 내에서 선택을 하는 경향이 있기 때문에 어떤 상황에서 연기했을 때 삶을 무의식중에 선택하게 된다. 글쓰기도 마찬가지이다. 내가 필사하는 글을 따라 나의 글쓰기 실력도 좋아지게 되는 것이다. 실력이 좋은 작가의 글을 필사하면서 나의 글쓰기 실력이 그와 같이 될 확률이 높아진다. 그렇게 글쓰기에 성장이 있게 된다.

다음으로 책 쓰기에 도전하고 싶은 욕구가 생긴다. 책을 쓰고 싶다는 마음은 누구나 가지고 있다. 하지만 그 방법을 자세히 모른다. 그래서 책 쓰기에 대한 희망은 뜬구름 잡는 듯한 느낌을 가지고 있다. 하지만 필사를 하면서, 구체적인 방법을 알게 되고, 현실적으로 책 쓰기에 접근을 하게 된다. 필사를 꾸준히 하고 습관적으로 글을 쓰면서, 책 쓰기는 현실적으로 달성이 가능한 현실적인 꿈이자 목표가 되는 것이다. 자신감도 갖게 된다. 나는 책을 쓸 수 있을 것이다. 내가 필사하는 작가들처럼 글을 쓰면 된다, 라는 생각도 하게 된다. 이렇듯, 필사로 형성된 글쓰기 습관이 책 쓰기에 대한 자신감을 심어주면서 그것이 현실에서도 이루어질 수 있는 현실적인 꿈이 되도록 만들어 준다.

필사로 쓰는 습관을 내 몸에 장착되어야 책 쓰기도 쉬워진다. 습관이 된 것들은 그 행동을 하는 것에 특별한 스트레스가 없거나 줄어들게 된다. 우리는 자기 집을 찾아갈 때 의식적으로 생각하지 않아도 잘 찾아간다. 아무리 제정신이 아니라도 집은 잘 찾아간다고 한다. 먹는 것, 입는 것, 말하는 것, 좋아하는 것, 모든 것이 습관이라고 할 수 있다. 그렇게 습관이 된 것은 의식하지 않고도 그것을 무의식중에도 잘 하게 된다. 그것이 습관의 힘이다. 글쓰기도 습관이 된다면 책 한권 쓰는 것은 크게 문제되지 않을 것이다. 다만 시간의 문제일 뿐이다. 양이 결국 질적인 변화로 이어지므로 필사로 글을 쓰면서 실력도 향상되고 결국 책 쓰기에도 성공하게 될 것이다. 이제 필사의 위대한 힘, 즉, 필사가 글쓰기 습관을 만든다는 환상적인 비밀을 안 당신은 조금씩 필사하면서 글쓰기 습관 삶에 제대로 장착하고 멋지게 책 쓰기에 도전하길 바란다.

1 꼭지 쓰는 방법에 대한 감을 잡는다

—

나는 17권 이상의 책을 출간하고도 아직, 1꼭지 쓰는 방법에 대해 계속 연구하고 있다. 꼭지는 출판용어이다. 보통 책의 소제목을 꼭지라고 이야기한다. 1꼭지 쓸 때마다 나는 새롭게 깨닫게 된 부분을 파일을 만들어 일기 쓰듯 쓰고 저장하고 있다.

"1꼭지를 쓰는 방법은 꼭지제목의 키워드를 찾고 그 키워드와 연관된 일화를 생각해 내는 것이다. 생각해 낸 일화가 키워드와 직접적 관련이 있으면 직접일화이고 관련이 조금 떨어졌어도 글감이 되는데 그것은 간접일화가 된다."

이렇게 나는 1꼭지 글을 쓰면서 불현 듯 생각나는 부분을 기록해둔다. 기록할 때는 앞 뒤 말이 안 되어도 상관없다. 나중에 다시 정리하면 되니까, 우선은 아이디어가 달아나기 전에 기록을 해둔다. 이렇게 해서 기록한 분량이 현재 페이지수로 116페이지이다. 책 한 권 분량이다. 나도 언제 이렇게 많아졌는지 의아할 정도이다. 사실 1꼭지 글을 쓰다보면 갑자기 1꼭지를 이렇게 쓰면 좀 더 쉽고, 독자들도 이해하기 좋을 수 있겠다, 라는 아이디어들이 생긴다. 그런 것은 이론만 배워서도 안 되고 직접 글을 쓰면서 발견하게 되는 내용들이다. 이렇게 일기로 기록 하면서 글을 쓰면서 깨닫는 것을 머리에 넣고 몸에 익히려고 노력한다. 내가 1꼭지 쓰는 방법에 대해 따로 기록을 남기는 것은 그것을 몸에 익히고 좀 더 잘하고 싶기 때문이다. 1꼭지 쓰는 방법에 대해 명확하게 체화하기 위해 지금도 노력하고 있는 중이다.

책 쓰기에서 2가지 관문이 있다고 나는 생각한다. 이 2관문을 자연스럽게 극복하는 날이 평생 책 쓰기를 할 수 있는 날의 시작이 될 것이다. 그 관문의 하나는 목차 만들기이고 또 하나는 1꼭지 쓰기이다.

책 쓰기를 할 때 가장 처음 하는 것이 자신이 쓰고 싶은 주제를 정하는 것이다. 주제를 정하고 난 뒤, 그 다음으로 제목을 짓는다. 제목을 나중에 짓는 사람도 있지만, 그래도 제목을 먼저 짓는 것이 맞다. 왜냐하면 제목은 내가 쓰고자 하는 가장 핵심에 해당되기 때문에 핵심을 분명히 하는 것이 글쓰기에도 수월하기 때문이다. 제목은 곧 콘셉트가 되기도 한다. 제목하나에 많은 것들이 포함되기에 책 쓰기 전에 제목으로 자신의 나아갈 글의 방향을 명확히 한다. 제목 후에 그 다음과정이 바로 목차를 만드는 것이다.

목차 만들기 어렵다면 어렵고 쉽다면 쉬울 수 있다. 하지만 처음에는 잘 모른다. 누군가의 도움을 받을 수 있다면 받는 것을 나는 권한다. 왜냐하면 혼자서 머리 싸매고 고민하면서 많은 시간을 소비하는 것보다 처음이니 도움을 받아 그 시간을 벌고 벌은 그 시간에 목차하나를 더 만드는 것이 좋기 때문이다. 그렇게 시간을 벌어 2번째 원고를 쓰기 시작하는 것이 훨씬 낫다고 할 수 있다. 책 한권만 써도 가문의 영광이라고 처음에는 생각하지만 한 권을 쓰면 그 다음 책을 또 쓰고 싶은 마음이 생길 것이다. 어찌하였든 처음에는 먼저 작가가 된 분의 조언을 받아 목차를 만들어 보도록 하자.

목차도 흐름을 타야 한다. 시중에 나와 있는 책들을 보면 일맥상통한 부분이 있다. 글 하나 쓸 때도 서론-본론-결론이 있듯이, 목차에도 그런 흐름이 있다. 어떤 작가는 그것을 what-why-how흐름에 따라 쓰라고 이야기한다. what은 문제가 무엇인가?, why는 그 문제의 이유가 무엇인가?, how는 그 문제를 어떻게 해결하면 되는가? 순으로 목차를 만들면 되는 것이다. 결국 목차에 내가 정한 주제의 가장 큰 문제가 무엇이며, 그것의 이유가 또한 어떤 것이며, 그

래서 결국 그것의 해결방법과 노하우가 무엇인지를 적는 것이다. 이것은 장

제목-꼭지제목으로 나누어서 만들고 그것의 총 개수를 30개에서 40개정도 만들면 목차는 완성이 된다.

책 쓰기 2번째 관문인 1꼭지쓰기는 직접 혼자서 해내야 하는 부분이다. 목차 만들기는 작가들이 도와줄 수도 있는 부분이지만 1꼭지 쓰기는 온전히 혼자 해내야 할 부분인 것이다. 그렇기 때문에 스스로 배우고 깨닫고 하는 것이 많을수록 1꼭지 쓰기 정복은 빠르게 달성되게 된다. 1꼭지 쓰는 법은 지금 나에게도 계속 공부하고 연구할 대상이다. 나만의 1꼭지 쓰는 방법을 계발하기 위해서라도 공부는 계속되어야 한다고 생각한다.

그 동안 내가 터득한 한 꼭지 쓰는 비법에 대해서 이야기해 보고자 한다. 1꼭지쓰기는 아주 중요하다. 1꼭지를 쓸 수 있어야 1권의 책도 쓰게 된다. 꼭지 글이 모여서 30개~40개 정도가 되면 1권의 책이 나올 수 있는 분량이 된다.

서론 : 일화/일화+메시지

본론 : 직접사례 1개/직접사례 2개/직접사례+설명식/간접사례+직접사례

결론 : 나의 메시지 재강조

1꼭지는 기본적으로 서론-본론-결론의 구조로 쓰면 된다. 서론 쓰는 방법, 본론 쓰는 방법, 결론 쓰는 방법 따로따로 생각하고 쓰면 된다. 서론 쓸 때는 주로 가벼운 일화로 시작하면 가장 부드럽게 이야기를 시작하게 된다. 이렇게 간단히 일화를 쓰고 그 꼭지 글에서 내가 하고 싶은 핵심, 메시지를 암시해주면 좋다. 그리고 본론에서는 4가지 타입으로 쓸 수 있다. 사례는 꼭지제목의 키워드와 직접 관련된 직접사례와 간접사례로 나눌 수 있는데, 직접사례 하나로만 길게 쓰고 그 사례의 의미를 적어주면 본론하나가 완성될 수 있다. 또 다른 방법은 직접사례 2개를 적어주고 내가 무엇을 말하기 위해 그 사례 2개를 사용했는지, 그 사례의 가치, 의미를 또 각각 적어주면 된다. 세 번째는 직접 사례하나와 설명식의 내용을 넣어주는 방식, 마지막은 간접사례를 넣고, 그 뒤에 직접사례를 넣으면 또 하나의 본론이 완성된다. 그리고 결론부분은 그 꼭지 글에서 꼭지제목과 직접적 관련이 있는 나의 메시지를 재강조하면 된다.

내가 처음 책을 쓸 때만 해도 이렇게 자세한 설명까지는 듣지 못했다. 하지만 책을 계속 쓰면서 세세한 나만의 법칙을 인지하고 만들게 되었다. 모든 일들이 그렇다. 처음에는 누군가로부터 배우다가 그 배움을 바탕으로 자기만의 새로운 창조물, 즉 새로운 방법들을 발견하게 되는 것이다. 그 누구도 여기에서 벗어나지 않는다. 아무리 유명한 글쓰기 강사라고 하더라도 처음에는 누군가로부터 혹은 책으로부터 배웠을 것이다. 책에 나온 내용을 읽고 배운 후 그것을 바탕으로 자신의 방법을 하나, 둘 만들었을 것이다. 처음의 그것으로부터 완벽히 새로운 것은 있을 수가 없는 것이다. 세상의 모든 창조와 배움이 그런 과정을 거친다.

처음 책을 쓰는 사람은 다른 사람이 쓴 책을 그대로 필사하면서 이런 것들을 배울 수 있다. 처음에는 그대로 따라 쓰는 것도 쉽지 않을 것이다. 하지만 시간이 해결해 준다. 처음의 어려움이 끝까지 가는 것이 아니다. 지금 당장 어렵다고 포기하면 안 된다. 포기만 하지 않는다면 하루, 이틀 지나면서 쉬워진다. 지금 어렵다고 내일도 오늘처럼 어렵다고 생각하지 마라.

필사를 하면서 1꼭지 쓰는 방법에 대해서 어렴풋이 인지하게 된다. 책 쓰기를 생각하지 않고 책을 읽을 때는 보이지 않던 것들이 서서히 보이기 시작한다. 서론에서 그 작가는 어떤 식으로 시작하는지 눈여겨 살펴보자. 어떤 작가는 자신의 일상으로 가볍게 시작한다. 가장 부담 없는 글이 된다. 자신의 이야기니 더욱 자연스럽게 글을 쓰고 시작할 수 있다. 또한 그 꼭지제목과 관련된 사회적 이슈나 사회적인 상태로 시작하는 경우도 있다. 작가마다 다양하게 서론 시작하는 방법이 제각각이라는 것을 알게 된다. 같은 작가라도 한 책에서도 여러 방식으로 서론을 쓰기도 한다. 그리고 본론을 쓰는 방법도 유심히 찾아보면 나의 방법처럼 쓰여 진 것들이 많을 것이다. 글에는 사례가 반드시 들어간다. 1꼭지 글에서는 내가 어떤 주장을 하게 되는데, 그 주장을 뒷받침하는 사례나 근거, 이유를 반드시 쓰게 되어있다. 그래야 독자는 그 글에 공감하고 이해하기 때문이다. 이런 것들을 보면서 필사를 하다보면 1꼭지 쓰는 감을 잡을 수 있다.

　글 쓰는 것을 혼자 배우는 가장 좋은 방법은 필사라고 말할 수 있다. 이론과 실기로 나누었을 때 이론은 책을 보면서 혼자서도 할 수 있다. 하지만 대부분의 실기는 누군가의 도움을 직접 받아서 하게 된다. 어떤 도움의 수단이 있어야 한다. 책 쓰기 같은 경우에는 나를 도와주는 작가가 있다하더라도 필사를 하게 되면 직접 쓰는 것에 많은 도움을 받을 수 있다. 이론상 이해가 되더라도 몸으로 직접 해보지 않으면 안 되는 것들이 대부분이다. 책 쓰기도 마찬가지인데, 필사를 통해서 제대로 1꼭지 쓰는 법에 대해 감을 잡고 조금은 나도 할 수 있다, 라는 생각을 가질 수 있다. 책 쓰기에 간절한 소망을 가진 사람이라면 필사를 해야 한다. 1꼭지 쓸 수 있으면 1권도 쓸 수 있다는 점, 마음에 새기고 필사로 1꼭지 감 제대로 잡으시길 바란다.

책 쓰기에 대한 부정적인 마음을 없앤다

—

"무엇을 어떻게 시작해야 하는 거야?"

인생 첫 책을 쓰기로 마음을 먹은 나는 아무리 생각해도 위의 질문에 대한 답을 찾을 수가 없었다. 그냥 막막하기만 했다. 오로지 열정뿐이었다. 내가 정말 책을 쓸 수 있을까?, 라는 질문이 이어졌다. 아마도 책을 쓴 사람들은 글을 잘 써는 사람이거나 특별히 능력을 타고 난 사람일거야, 라는 생각을 하게 되었고, 결국 스스로 포기하게 되었다.

내가 책 쓰기를 포기한 것은 당연한 결과이다. 왜냐하면 처음부터 끝까지 부정적인 마음밖에 없었기 때문이다. 이래서 안 되고, 저래서 못하고, 여러 종류의 이유들, 무엇을 할 때 마다 꼭 등장하는 자기 합리화의 생각들로 인해 책 쓰기 또한 문턱에도 걸치지 못하고 스스로 자폭하고 말았다. 이렇게 해 놓고 한 1년 뒤, 어쩌면 10년 뒤 나는 후회하게 될 지도 모른다. 그때 한 번 더 도전해 볼 것을, 시도조차 하지 않은 자신을 원망할지도 모른다. 그렇게 나를 원망하기는 싫었다. 그래서 나는 다시 방법을 찾기로 했다. 결과가 어떻게 되던, 일단 시작은 해보자고 생각했다. 부정적인 마음은 싹 거두어 들여서 멀리 던져버리고, 좋은 생각들만 하면서 다시 찾아보기로 했다. 이것은 책 쓰기를 본격적으로 하기 직전의 나의 상황이었다.

책 쓰기를 하기로 굳게 마음먹고 가장 먼저 한 행동은 필사하기였다. 필사하기, 남의 글을 베껴 쓰는 것이다. 왠지 남의 글이라 마음이 썩 내키지 않았다. 내 것이 아니고 남의 글이라서 처음에는 망설여졌다. 하지만 지푸라기라도 잡는 심정으로 필사를 하기 시작했다. 필사라도 하게 되면 최소한 글을 쓰는 것이 되기 때문이다. 글쓰기도 운동하는 것과 같다. 운동을 머리로 할 수 없듯이, 글쓰기도 머리로만 하면 안 된다고 어렴풋이 생각했다. 예를 들어, 수영을 배운다고 하자. 수영은 유튜브에서 동영상으로 얼마든지 배울 수 있다. 물론 이론이다. 책을 통해서도 배우고, 동작은 유튜브로 건너 와서 무한 반복적으로 보면서 세세하게 머리에 숙지할 수 있다. 하지만 수영법을 머리에 아무리 각인하였다고 하더라도 물에 들어가서 직접 하지 않으면 수영을 배울 수 없다. 결국 수영이란 것은 몸으로 할 줄 알아야 수영한다고 할 수 있다. 반드시 몸으로 읽혀야 하는 것이다. 글 쓰는 것도 마찬가지이다. 이론적으로 아무리 해박한 지식을 가졌다고 하더라도 직접 쓰지 않으면 실력이 늘지 않는다. 그래서 글 쓰는 실력을 조금이라도 키워보자는 마음으로 필사를 하기 시작하게 되었다.

필사를 하면서 서서히 책 쓰기에 대한 부정적인 마음이 조금씩 사라졌다. 사람의 마음이 간사하다. 필사를 하기 전에는 책을 쓰지 못할 이유들만 떠올랐었는데, 필사를 하면서 그 마음들이 차츰 수그러졌다. 나는 책 쓰기 2개월 전 쯤에 혼자서 필사를 시작했다. 필사를 하면서 시간별로 나의 심적, 외적 변화들을 정리해둔 일기가 있다. 간단하게 메모한 자료이다. 그 메모를 참고로 인생 첫 책을 쓸 때 필사를 하면서 글쓰기에 대한 나의 변화들을 정리해보았다.

첫째, 필사를 시작하기 전

나는 필사를 하기 전 필사에 대해 깊이 생각하지 않았다. 단지, 글이란 것을 써야겠다고 단순히 생각했다. 무슨 글이든지 쓰는 것이 중요하다고 생각했기 때문이다. 내 머리에서 나오는 글을 쓰기에는 자신이 없었고 남의 글이라도 써야겠다, 라는 마음으로 가졌다. 찬밥, 더운 밥 따질 수 있는 상황이 아니었다. 책 쓰기가 간절했기 때문에 글쓰기도 간절한 시기였다. 내 글이든 남의 글이든 그것은 중요하지 않다고 생각했다. 매일 써야지, 쓰는 것을 배우게 된다는 그 생각 하나만으로 필사를 해야겠다고 결심했다.

둘째, 필사를 처음 하는 날

필사 자체에 대해서 특별한 고민이 없었다. 오히려 필사이기 때문에 가볍게 시작할 수 있었다. 내가 보고 있는 책 쓰기에 대한 책을 선택해서, 그냥 써내려가되, 그래도 나름대로 계획을 세웠다. 본격적으로 책 쓰기를 하기 전에 필사는 해야 했고, 그 기간은 길수록 좋다고 생각했다. 그래서 최소 2달, 많게는 습관이 몸에 형성되는 3달을 목표로 시작했다. 나의 머리를 써서 쓰는 글이 아니라 남의 글이기 때문에 부담이 없었다. 이래가지고 무슨 효과가 있을까? 하는 마음은 아예 하지 않았다. 다만 글을 쓸 수 있다는 사실, 그것만으로 만족하기로 했다.

셋째, 필사 시작 4주 후

한 달 동안 필사를 했다. 한 챕터씩 쓰면서 어느 듯 한 달이 지나갔다. 한 달이 지난 시점, 나의 사고에 변화가 일기 시작했다. 글쓰기에 대한 생각, 각오, 깨달음이 하나씩 생겨났다. 보통 의식이 행동을 만들기도 하고 행동자체가 의식, 사고를 만들기도 한다. 책 쓰기는 정말 높은 산처럼 느껴졌었는데, 필사라는 것을 통해서 그 벽이 조금씩 허물어지는 느낌이다. 처음에는 매일하는 것에 중요성을 두었다. 매일 매일 쓰면서 1꼭지, A4 2장을 어떻게 채워야 하는지 감을 잡기 시작한다. 이제 서론도 보이고, 본론, 결론도 보인다. 처음에는 그냥 글로만 보였다면 1달 필사를 하면서 글의 구분을 볼 수 있게 되었다. 지나고 보니, 이렇게 구분할 수 있는 능력이 중요했다. 어떤 현상을 구분할 수 있다는 것은 그것을 할 능력이 생겼다는 증거이다. 책 전체가 두루 뭉실하게 보일 때는 답이 안보이지만 서론, 본론, 결론의 구분이 보이기 시작하면 책 쓰기 도전할 용기가 생긴다. "아~ 서론을 요렇게 썼구나."라는 인식과 함께 그 다음에는 1꼭지 글도 그렇게 구분해서 생각하면서 필사하게 된다.

넷째, 필사 시작 8주 후

필사를 하면서 1꼭지 구조가 더 명확하게 보이기 시작했다. 아주 놀라운 변화이다. 그러면서 서론, 본론, 결론, 각 꼭지마다 어떻게 썼는지, 또 유심히 생각하면서 필사를 한다. 시간이 지나면서 쓰는 방법에 대해 나름 아이디어가 생긴다. 그러니, 자신감도 생긴다. 가장 큰 수확이라면 자신감 플러스 책 쓰기에 대한 부정적인 생각들이 사라지게 된다는 것이다. 그런 것과 같다. 학창시절 방학숙제를 못하고 내일이 개학날인데, 엄청 걱정을 했지만 막상 당일, 내가 걱

정했던 만큼 큰일이 안 일어나고, 숙제를 많이 못해 조금 민망하기는 했지만 안 좋은 상황은 일어나지 않았다. 사람의 부정적인 상상이 때론 문제인 것이다. 그런 부정적 상상으로 도전조차 못하게 되거나, 도전 상황자체를 적극적으로 회피할 수도 있다. 스스로 자멸하는 경우인 것이다. 책 쓰기 자체도 그렇게 시작도 못하고 스스로 포기하는 경우가 많다. 하지만 필사를 통해서 책 쓰기도 생각만큼 그렇게 어렵지 않다는 것을 깨닫게 된다. 필사를 하면서 하다 보니, 나도 쓸 만 하겠다는 생각을 가지게 된다. 그러니 도저히 불가능할 것 같은 책 쓰기가 필사 8주를 하고 나니, 가능하다는 생각으로 바뀌게 된다.

책 쓰기 하는데 있어서 가장 걸림돌은 자신의 부정적인 생각이다. "책을 쓰는 사람은 뭔가 다른 부분이 있을 거야", "나는 그런 재주를 타고 나지 않았는데, 쓸 수 있겠어?", " 내가 이때까지 글이라는 것을 써보지 않았기 때문에 책 쓰기는 나에게 불가능해." 이런 생각들로 자신의 머리를 가득 채운다. 천하에 도움이 되지 않는 생각들이다. 하지만 부정적인 생각들을 없애기에 역부족이다. 책 쓰기에 대한 강한 열망이 있지만 그것을 현실로 실현시킬 방법을 모른다. 긍정과 부정의 마음이 매일 교차되는 반복을 경험하면서 점점 부정적인 생각의 감옥에 갇혀 옴짝 달싹 못한다. 이럴 때 가장 좋은 것이 필사를 하는 것이다. 부정적으로 생각만 하지 말고 필사라는 행동을 하는 것이다. 부정적 생각의 늪에 빠져있을 때는 그것과 관련된 단순한 행동을 하는 것이 그곳에서 벗어나는 가장 좋은 방법이 될 때가 많다. 그 단순한 행동이 의외의 해결법이 되는 것이다. 책 쓰기에 대한 부정적인 마음에서 벗어나는 최고의 방법은 단순한 행동, 즉 필사라고 강조하고 싶다. 필사하면서 책 쓰기에 대한 다양한 부분을 깨닫고 배울 수 있다. 삶의 대혁명을 일으킬 책 쓰기, 머리로만 고민하지 말고 직접 행동하는 필사로 시작하길 바란다.

책 쓰기를 쉽게 시작하게 된다

—

"무엇인가 움직이기 전까지는 아무 일도 일어나지 않는다."

아인슈타인이 한 명언이다. 우리는 생각이 너무나 많다. 무엇인가를 하기 전에 많은 생각들로 인해 시작을 잘 못한다. 꿈과 목표가있다면 복잡한 생각 접고, 일단 시작을 해야 한다. 매일 꿈과 목표를달성하게 하는 그 행동을 하지 않는다면 그 꿈과 목표는 언제 달성되겠는가? 아무리 멋진 꿈, 원대한 목표라고 하더라도 시작하지 않는다면 전혀 의미가 없어진다.

나는 5년 전부터 새벽기상을 하고 있다. 그 당시 새벽기상을 결심하게 된 것은 독서 때문이다. 아이를 키우면서 육아의 어려움을 느끼게 되었고, 또한 대학이후 한 번도 쉬지 않고 쭉 직장생활을 해오면서 찾아온 번 아웃상태에서, 살기 위해 책을 읽기 시작했다. 독서의 계기는 이렇게 나에게 신의 한 수 마냥 다가왔다. 직장 맘이었기에 책을 읽을 시간은 턱없이 부족했고 그래서 결정한 것이 새벽에 일어나는 결심이었다. 새벽기상, 우선은 새벽에 일어나야 한다고 결심했다. 새벽에 일어나는 연습부터 해야 했다. 알람을 맞추어놓아도, 가수면 상태에서 누르기 때문에 무용지물이었다. 결국 나는 새벽 수영을 등록했다.

새벽수영을 등록했지만 새벽에 한 동안 수영장을 못가는 날이 가는 날보다 많았다. 누구보다 잠이 많은 나는 새벽기상이 쉽지 않았다. 원래 천성적으로 잠이 적은 사람도 있던데, 나도 그런 사람이었으면 얼마나 좋았을까? 라고 부러워했다. 하지만 어쩔 수 없다. 나 스스로 극복하는 수밖에 다른 방법은 없다.

새벽수영 가는 것을 계속 실패한 이유는 늦게 일어나서가 아니었다. 나는 그 전날 자기 전부터 자기 암시를 했다. '나는 새벽 5시에 일어난다.' 새벽수영 시간이 6시부터 7시까지였기 때문에 나는 여유롭게 가기 위해 새벽 5시를 기상 목표로 세웠다. 자기 암시를 하고 자면 그 다음날 확실히 효과가 있었다. 무의식적으로 알람을 누르지도 않는다. 알람소리와 함께 일어나게 된다. 일어나기 직전, 잠을 깨우기 위해 침대에서 손과 발을 들고 흔들었다. 손끝, 발끝에 있는 피가 머리로 순환하면서 두뇌를 깨울 것이라는 계산이다. 생각외로 효과가 있었다. 이렇게 잠이 깨어 일어나서도 또 다른 관문이 있다. 옷을 갈아입고 현관문을 열고 밖으로 나서는 것이다. 하지만 현관 밖을 나서는 것이 왜 그렇게 힘들까? 새벽에 일어났지만, 현관문 나가는 것을 번번이 실패했다.

새벽 수영 가는 데 가장 중요한 행동은 현관문 밖을 나가는 것이다. 그것을 달성하기 위해 하부 실천 목표도 정했다. 현관 밖으로 나가기 위한 전략을 세운 것이다. 그 전략은 현관 밖까지 나가기 전까지 나는 인간이 아닌 '기계'라고 생각하기로 했다. 이 부분 굉장히 중요한데, 어떤 것을 습관으로 만들기 위해서는 우선 습관에 관련된 행동을 매일 해야 한다. 그 행동을 하기가 어려울 수밖에 없는 것은 당연한데, 그 이유는 안하던 행동이기 때문이다. 안하던 행동을 하려는 사람은 고민을 하게 된다. 굳이 이 행동을 해서 내가 불편해야 할까? 이런 쓸데없는 생각을 한다. 어쩌면 자기 합리화이다. 그래서 습관이 형성되기까지 그런 생각 없이 그냥 기계처럼 움직인다는 것이 중요한 것이다. 기계처럼, 아무생각하지 말고, 정한 그 행동을 하는 것이다. 그렇게 나는 현관 밖까지 나가기 전까지 아무 생각 없이 기계처럼 옷 갈아입고, 수영가방 메고 현관 밖을 나가게 되었다.

이렇게 나는 새벽수영을 통해서 새벽기상을 습관들이는데 성공하게 되었다. 처음에는 새벽수영자체도 힘이 들었지만 새벽수영을 통해 새벽기상을 자연스럽게 하게 된 이후부터, 새벽시간은 나에게 인생혁명을 안겨다 준 귀한 시간이 되었다. 매일 일어나서 현관을 기계적으로 나가자는 전략과 행동이 없었다면 새벽수영과 새벽기상은 나의 삶에 없었을 것이다. 또한 새벽독서, 새벽글쓰기, 스스로 명한 인생혁명 같은 일들도 일어나지 않았을 것이다.

책 쓰기에서도 마찬가지로 '시작'이 있어야 한다. 책 쓰기도 새벽기상 이상으로 나에게는 쉽지 않은 일이었다. 왜냐하면 새벽기상이 새벽에 일어나 보지 않았기 때문에 힘들었듯이 책 쓰기도 그 전에는 한 번도 해보지 않았기 때문이다. 책 쓰기, 오히려 새벽기상보다 더 어렵게 느껴질지도 모른다. 새벽기상은 몸으로 해야 할 부분이 더 많지만 책 쓰기는 몸과 머리를 동시에 써야 하기 때문이다.

인생 첫 책, 첫 꼭지 쓸 때가 나는 생각난다. 첫 꼭지를 써야지, 책 쓰기가 본격적으로 시작된다. 나에게 첫 꼭지 글쓰기는 정말 어렵게 느껴졌다. 이 고비를 잘 넘겨야 한다. 책 쓰기를 하는 모든 사람들은 이 고비를 넘기지 않으면 안 된다. 처음에 쓰는 이 첫 꼭지를 실패함으로 인해 책 쓰기가 영원히 물 건너가는 경우도 있다. 한번 좌절감을 느낀 그 일은 두 번 다시 하고 싶지 않은 일이 되어 다음에는 책 쓰기에 대한 도전 자체를 안 하게 될지 모른다. 그래서 영원히

'책 쓰기'는 안녕이 될 수 있다.

　나는 첫 꼭지 글을 쓰는 데 3일 걸렸다. 1꼭지 글을 쓰는 분량은 A4 2장에서 2장반이다. 2장 쓰는데, 3일이 걸리다니, 지금도 대단했다, 라는 생각이 든다. 얼마나 힘들었으면 2장 쓰는데 3일이나 걸렸을까? 충분히 미루어 짐작할 수 있다. 그렇게 많이 걸린 이유는 특별한 것이 없다. 제대로 1꼭지 글을 써보지 않고 처음 썼기 때문이다. 모든 일들이 시작이 어렵다. 시작만 하면 50%달성이라고 하는 것이 그 시작이란 것이 힘들기 때문일 것이다. 시작이 되면 그 다음은 조금씩 쉬워지게 된다. 나에게 첫 꼭지 쓰기도 아주 어려운 일이었다. 3일이란 시간이 걸렸지만 첫 꼭지를 완성하고 나니까 그 다음 꼭지부터는 조금 자신감이 생기고 그 만큼 쉽게 접근한 기억이 있다. 첫 꼭지 글쓰기는 통과의례이다. 첫 꼭지 쓰기가 다소 힘든 부분이 있더라도 써내야 한다. 첫 꼭지 쓰기를 완성하고 그렇게 시작하면 그때부터는 제대로 써 내려 가게 된다. 시작이 중요한 이유이다. 시작하고 한 꼭지, 두 꼭지 쓰면서 책 한권 분량을 써내게 될 것이다.

　대부분의 사람들은 처음부터 자신의 생각을 쓰는 글쓰기를 어렵게 여긴다. 사실 그렇다. 쉽지 않다. 말로 하라면 할 수 있는 내용도 글로 쓰라고 하면 자신이 없어진다. 그만큼 자신의 의사를 글로 표현하는 것이 익숙하지 않기 때문이다. 누구나 마찬가지이다. 국문학과 나온 사람들도 글로 쓰기 위해서 많이 고심한다. 글이 전공인 사람도 고민한다는 것이다. 글로 표현하는 자체가 우리에게 쉽지 않다는 것이 자연스러운 것임을 우선 인정을 하자. 그리고 바로 나의 글을 쓰기보다는 남의 글을 먼저 쓰는 것이 '책 쓰기' 시작하기에 좋다는 팁을 활용하자.

필사를 하면 책 쓰기를 좀 더 쉽게 시작할 수 있다. 시작자체도 너무 어려운 일들이 많다. 그 중에 하나가 책 쓰기이다. 대부분의 사람들이 글쓰기의 환경에 노출된 경험이 많지 않기 때문에 글쓰기가 쉽지 않다. 그런 불편한 감정을 누르고 억지로 시작한다면 부작용이 더 클 수가 있다. 어렵게 글을 썼지만 더욱 어렵다는 것만 확인하게 된다. 그래서 좀 부드럽게 시작해야 한다. 처음 글쓰기를 하는 일이기에 필사로 좀 쉽게 접근해야 내 글도 쓸 수 있고, 책 한권 분량도 써낼 수도 있다. 아무리 어려운 일들이라도 시작의 저항감을 낮추고 부드럽게 진입한다면 못 할 일이 없다. 특히 책 쓰기에서 쉽게 시작하는 것이 필요한데, 그 방법이 바로 필사인 것이다.

필사를 한다면, 내 글쓰기도 쉬워지고 책 한권도 써낼 수 있다. 모든 일에는 시작이 있다. 시작을 하지 않고 어떤 성취를 이루어 낼 수는 없다. 시작이 어려운 일일수록 뒤로 미루게 되는데, 책 쓰기도 이에 해당이 된다. 책을 쓰기 위해 글이란 것을 써야 하고, 그 글쓰기를 생활에서 쉽게 하는 것이 아니기 때문에 책 쓰기가 쉽지 않은 것이다. 짧게 쓰는 글은 요즘 시대에 흔히 하는 것이다. 하지만 좀 더 긴 글, 좀 더 체계적인 글, 남에게 읽히기 위한 글은 여전히 어렵게 생각하게 된다. 그리고 그런 글을 쓸 기회가 많지 않기 때문에 조금은 연습과 노력을 해야 한다. 우선 시작부터 해야 하는데, 그 시작을 위해 필사가 필요함을 인지하길 바란다. 책 쓰기 가장 쉽게 시작하는 방법은 필사이다, 라고 나는 강조한다. 내가 첫 책을 쓸 때는 책 쓰기 하려면 필사부터 하라는 말을 듣지 못했다. 지금은 어떤지 잘 모르겠지만 그 당시에는 그랬다. 필사와 책 쓰기의 조합, 새로운 아이디어이다. 나의 경험으로 필사만큼 책 쓰기의 시작을 쉽게 할 수 있는 방법은 없다. 책 쓰기, 이제 필사로 시작하자. 필사가 책 쓰기를 무난히 시작하게 하고, 그 기운 타고 당신의 책 한 권 분량을 써내는 성취를 이룰 수 있도록 도와줄 것이다.

PART. 4

책 쓰기를 위한 필사 원칙

역시, 필사하기 최고의 시간도 새벽이다

—

나는 새벽에 일어나기 위해 지금도 노력하고 있다. 새벽 4시가 되면 알람이 울린다. 알람이 울리지만, 바로 일어나지 못할 때가 많다. 스마트 폰 알람이 울리면 일어나서 시간을 확인하고 정지버튼을 누른다. 그리고 잠시 눕는다. 이렇게 하다보면 또 알람은 울린다. 귀찮아서 결국 잠을 깬다. 이렇게 새벽마다 같은 행동을 반복하게 된다. 새벽기상을 실천한지 시간이 꽤 지났다. 정확하진 않지만 5년 정도는 되었다. 그런데도 새벽마다 일어나기 위해 나는 매일 노력한다. 새벽잠의 유혹은 5년의 시간을 무색하게 할 정도로 달콤하다.

새벽은 여전히 일어나기 힘들 때가 많음에도 불구하고 나는 꼭 일어나려고 한다. 왜냐하면 새벽에는 신기하고 행복한 경험을 해볼 수 있기 때문이다. 어떤 일을 해도 몰입상태와 집중력을 발휘할 수 있다. 이 시간대만이 느낄 수 있는 아주 특별함이다. 특별함의 영향으로 나는 책을 쓰는 작가가 되었다. 처음 새벽시간을 활용하기 시작한 것은 책을 본격적으로 읽기 시작한 1년 후부터였다. 직장 맘이었기에 책 읽을 시간이 턱없이 부족했던 나는 새벽시간을 활용하게 되었다. 정말 싫었지만 결국 나는 새벽에 일어나서 책을 읽었다. 그 정도로 독서에 목말라 있었고 읽어도 채워지지 않는 갈증을 그 당시에 느끼고 있었다. 그렇게 새벽을 알게 되면서 새벽 시간의 가치를 알게 되었고 결국 인생이 확 바뀌는 계기가 된 책 쓰기를 하게 되었다. 책 쓰기, 정말 상상할 수 없는 일이 내 인생에도 일어났다. 이 모든 것은 새벽시간에 깨어 읽고 썼기 때문에 가능했다. 새벽의 놀라운 창조력은 나의 삶도 새롭게 창조했다.

몇 해 전《새벽 시크릿》이 출간되었다. 새벽에 대한 나의 이야기이다. 새벽을 통해서 내가 어떻게 변화되어 갔는지, 새벽의 놀라운 경험들에 대한 이야기이다. 보통 사람들은 새벽을 잘 모른다. 새벽시간 깨어 있는 사람은 아주 특별한 직업을 가진 사람들 만이라고 생각한다. 새벽수산시장에서 장사하는 사람, 혹은 그와 관련된 사람들, 또한 다른 새벽시장의 상인들, 그리고 청소부들만의 세계라고 여긴다. 하지만 성공적인 삶을 사는 사람 또한 새벽 마니아란 사실을 간혹 잊어버린다. 만약, 새벽시간을 활용한다면 성공한 사람들처럼 자신의 삶도 그렇게 변화될 수 있겠다는 생각을 하게 된다. 그것은 바로 《새벽 시크릿》에도 나와 있는 새벽시간의 특별함 때문이다.

새벽시간의 특별함이라면 다음과 같은 것을 말할 수 있겠다.

첫째, 낮에는 생각하지 못했던 아이디어들을 얻는다.

새벽의 가장 특별한 점이라면 바로 이 부분이라고 말할 수 있다. 전날 고민했던 문제를 새벽시간에 깨어 다시 생각한다면 불현듯 해답의 실마리를 얻게 되는 경우가 많다. 또한 나의 인생과 관련된 많은 아이디어를 얻게 된다. 내가 어떻게 살아야 할 것인지, 내가 가장 하고 싶은 일이 무엇인지, 그것을 어떻게 실현할 것인지? 다양한 생각들과 결론들을 내린다. 낮에는 생각지도 않은 질문과 답들을 얻는 시간을 가지게 된다.

둘째, 새벽 짧은 시간이라도 일의 능률을 최대로 높인다.

누군가는 새벽시간의 능률은 낮의 3배라고 했다. 낮의 3시간 동안 해야 달성할 수 있는 일도 새벽에는 1시간만 투자하면 된다는 이야기이다. 그러니 결국 새벽시간을 이용한다면 3배의 밀도 있는 시간을 보내고 성과도 3배 빠르게 얻을 수 있다는 이야기이다. 이 귀한 시간을 우리가 마다할 이유가 없다.

셋째, 집중과 몰입을 경험한다.

아무래도 새벽은 고요하다. 고요한 만큼 집중이 잘된다. 또한 잠에서 깨어난 지 얼마 되지 않은 상태라, 몸의 컨디션이 최상이다. 그래서 그 어떤 일을 하더라도 집중과 몰입을 경험할 수 있다. 집중과 몰입은 또 다른 행복이다. 새벽은 곧 행복과 연결되기 때문에 이 자체만으로 좋다. 새벽에 일어나기만 해도 특별한 행복감을 느낄 수 있다는 것이다.

넷째, 어떤 일을 할 때 그것의 본질에 쉽게 접속할 수 있다.

새벽의 또 다른 이름이 집중과 몰입이라고 나는 《새벽 시크릿》에서 말했다. 집중과 몰입을 새벽에는 아주 쉽게 경험할 수 있다. 아주 사소한 일을 하더라도 가능하다. 예를 들어 바닥 비질을 한다고 하더라도 정성들여 집중해서 하게 된다. 자신도 모르게 그렇게 된다. 그러다보니, 평상시에 느끼지 못한 것을 느낀다. 어떻게 하면 비질을 요령 있게 잘하게 되는지 감각적으로 알게 되는 것 같다. 그리고 비질을 어떤 순서로 해야 할지 부지불식간에 감을 잡는다. 안쪽부터 현관 문 쪽으로 하는 것이 맞지만, 평상시에는 이런 것 생각 없이 마음 내키는 대로 했었다. 이렇게 비질이 특별할 것 없는 소소한 일이지만 비질을 어떻게 하면 잘 하게 될지 생각하면서 그 본질에 가깝게 행동하게 된다.

역시 필사를 새벽에 하게 되면 새벽의 특별함을 그대로 느낄 수 있다. 필사에 집중과 몰입이 가능하게 되고 필사를 하는 그 근본적인 효과가 더 잘 일어난다고 할까? 정말 색다른 경험과 재미를 느낄 수 있다. 그 구체적인 부분을 정리해 보면 다음과 같다.

첫째, 새벽에 필사를 하면 글에 완전 동화된다.

새벽에 필사를 하면 내가 쓰는 것처럼 착각이 일어나기도 한다. 그 글들이 내 마음속 깊은 곳까지 치고 들어온다. 그럼으로써 남의 글이란 생각을 잊어버린다. 필사하면서 내가 내 글을 쓰는 것처럼 느껴지면서 글에 깊이 공감하게 된다.

둘째, 새벽 필사를 하면서 글쓰기에 대해 더 많이 배우게 된다.

집중과 몰입이 가능하기에 글쓰기의 전반적인 부분에서 더 잘 배우게 된다. 형식적인 부분은 물론 내용적인 부분도 마찬가지이다. 솜이 물을 흡수하듯 많은 부분을 빨아들이게 된다. 새벽에는 무슨 행동을 하던지 그것의 본질에 가깝게 행동하게 된다고 했다. 필사도 역시 마찬가지로 글쓰기를 어떤 식으로 써야 하는지에 대해서 많은 아이디어를 얻을 수 있다. 이런 부분이 쌓여서 빠르게 내 글도 쓰게 된다. 새벽에 하는 필사이기 때문에 더 빠른 글쓰기 실력향상을 이룰 수 있다고 말할 수 있는 것이다.

셋째, 몰입하면서 베껴 쓰는 것도 직접 쓰는 것만큼 재미있다는 사실을 알게 된다.

몰입에는 몰입의 즐거움이 있다. 새벽에 하는 일이 몰입의 즐거움을 경험하게 하기 때문에 재미있다. 필사도 마찬가지이다. 새벽 필사를 하면서 글 쓰는 것이 재미있단 생각을 할 수 있는 기회를 가질 수 있다. 내 글쓰기 도전하는 데 걸리는 시간도 줄어들 것이다.

필사를 꼭 새벽에 해야 한다는 것은 아니다. 시간과 관계없이, 필사를 하는 자체만으로도 글쓰기, 책 쓰기에 있어서 많은 배움을 얻게 된다. 새벽에 일어나지 못할 상황인데, 필사를 위해서 굳이 힘들게 새벽에 일어나지 않아도 된다. 왜냐하면 아무 때나 하더라도 하는 것 자체만으로도 충분히 많은 것을 배울 수 있는 것이 필사이기 때문이다. 새벽필사일 경우, 좀 더 빠르게 글쓰기, 책 쓰기를 배울 수 있다는 것이지, 불문율처럼 필사는 꼭 새벽에 하라는 의미는 아니다. 즉, 필사는 아무 때나 짬 시간이 날 때, 해도 된다. 다만 여유가 된다면 새벽에 일어나서 해보기를 권한다.

역시 필사도 새벽 필사가 최고다. 하지만 필사를 위해서 억지로 새벽에 일어나야한다고 생각하지는 말자. 필사는 자신이 시간이 있을 때마다 아무 때나 할 수 있다. 여유가 허락된다면 새벽필사를 하라는 의미이다. 새벽필사를 한다면 새벽시간의 특별함이 새벽필사를 할 때도 그대로 적용이 되어 집중과 몰입상태에서 필사를 할 수 있다. 고요한 시간, 다른 사람이 쓴 글을 베껴 쓰면서 그 작가의 글을 좀 더 가슴 깊이 받아들이고, 느끼고, 배울 수 있을 것이다. 필사도 역시 새벽필사이지만 상황이 허락되지 않는다면 아무 때나 자신이 가능한 시간에 하길 바란다. 그렇게 해도 필사하는 자체로 많은 것을 배우는 기회가 될 것이다. 새벽필사가 최고이지만 내 상황에 맞추어 필사한다는 사실을 기억하자.

매일 일정한 시간에 필사해라

—

시간을 정해서 그 시간에 무엇인가를 일정하게 하면, 실천력이 높아진다. 왜냐하면 정한 그 시간이 행동을 유발하는 하나의 스위치의 역할을 하기 때문이다. 필사도 시간을 정하고 한다면 빠지지 않고 매일 하게 된다.

세부 살이를 할 때였다. 한동안 필리핀 세부에 잘 적응하여 잘 사는 듯 느꼈다. 하지만 하루는 몸살이 난 것처럼 힘이 없고 목도 아프고 여러 증상이 나타났다. 병원을 갔다. 의사에게 목을 보여주고 진찰을 받고 항생제를 처방받아 와서 약을 복용했다. 하지만 시간이 지나도 목과 몸의 컨디션은 여전히 호전되지 않았다. 그래도 약은 계속 먹었다. 하지만 증상은 여전했고 그런 상태가 10일 동안 이어졌다. 하루 지나면 괜찮아 지겠지, 하는 마음으로 10일을 버티었다. 미련스러웠다. 중간에 다른 병원이라도 한 번 더 가볼 걸, 하는 마음이 있었지만, 목이 부은 것은 염증이기에 항생제만 잘 먹으면 괜찮아 질것이라고 생각했다. 하지만 아니었다. 이상했다. 몸이 전체적으로 균형을 잃어버린 것 같다는 생각이 들었다.

필리핀에 오래 산 사람이 집을 찾아 왔다. 그 사람이 나의 상태를 듣더니, 이렇게 이야기 했다.

"언니, 영양제나 종합 비타민 챙겨먹고 있나요?"

"아니."

"이 곳 필리핀에서는 그것을 챙겨먹어야 해요."

영양제를 챙겨먹지 않는다는 이야기를 들은 그 사람은 화들짝 놀라면서 꼭 챙겨먹으라고 이야기한다. 그리고 보니, 그 사람의 말이 맞는 것 같다. 왜냐하면 이 곳 필리핀은 채소를 잘 챙겨먹기가 쉽지 않다. 동남아시아라서 야채나 과일이 풍성할 것이라고 생각했는데, 오히려 한국보다 푸짐하지가 않다. 마트에 가도 싱싱한 야채나 과일을 찾아보기 힘들다. 그 이유를 나중에 듣게 되었는데, 이유인즉, 날씨가 너무 더워서 식물들이 잘 자라지 못한다는 것이다. 날씨가 뜨거운 것까지 이해를 하겠는데, 그렇기 때문에 식물도 야채도 과일도 잘 못 자란다니, 처음에는 이해가 되지 않았다. 하지만 실상을 눈으로 확인해볼 수 있는 상황인지라 이제는 그러려니, 그렇게 생각하고 없으면 없는 대로 그렇게 살아가고 있다. 하지만 문제는 사람들이 영양불균형이 발생할 수 있다는 것이다.

사실 한국에서 야채는 푸짐하게 먹었다. 과일도 마찬가지였다. 나는 집 근처 로컬 푸드 점이 있어서 야채는 정말 자주 사서 먹었다. 그렇게 먹다가 필리핀 세부를 오면서 야채라고는 김치 외에 잘 먹지 못하니, 몸에서 불균형이 일어날 수도 있겠다는 것을 생각하게 되었다. 호되게 아프고 난후였다. 그래 이 곳은 한국이 아니야, 야채와 과일을 푸짐하게 먹을 수 있는 상황이 아니니 영양제와 비타민을 섭취해야겠구나, 라고 생각했다. 그래서 지금은 2종류의 영양제를 챙겨먹고 있다.

하지만 영양제와 비타민을 매일 챙겨먹는 것이 쉽지 않다. 하루 한 번인데 무엇이 어려울까 생각했는데, 먹는 날보다 안 먹고 잊어버리는 날이 더 많았다. 무슨 대책이 있어야겠는데, 곰곰이 생각하다가 먹는 시간을 정하기로 했다. 정확한 시간은 아니더라도 오전, 오후, 저녁, 자기직전, 이렇게 나누어보고 적당히 좋은 때를 생각해보았다. 그렇게 해서 정한 것이 아이들 아침 등교시킨 후의 시간이다. 등교시키고 바로 영양제 한 알과 종합 비타민 한 알을 챙겨먹기 시작했다. 이렇게 대략 시간을 정하고 약을 챙겨먹으니, 빠지는 횟수가 줄어들었다. 아이들이 등교를 하고 난 뒤 먹으면서 가끔 빠져먹을 때는 찜찜한 마음이 든다. 뭔가 빠진 듯한 느낌이 들면서 결국 영양제와 비타민을 생각하게 된다. 이렇게 아이들 등교와 나의 영양제와 비타민 섭취를 연결 시켜놓으니, 자동적으로 이어서 행동을 하게 되어 영양제와 비타민을 잘 챙겨 먹게 되었다.

필사할 때도 마찬가지로 시간을 정하면 매일 할 수 있다. 필사하는 시간을 일정하게 정하는 것이다. 그렇게 하면 잊어버리지 않고 잘 실천하게 된다. 정한 시간이 되면 자동적으로 필사를 생각하게 된다. 생각하면 '아, 그래 필사해야지.' 하고 행동을 하게 된다. 처음 필사할 때는 나는 주로 새벽시간을 이용했다. 책을 쓰겠다고 마음먹고 하는 필사였기에 좀 더 집중해서 하고 싶었기 때문이다. 새벽의 집중과 몰입의 경험을 필사에서도 똑 같이 경험할 수 있었다. 어느 정도 시간이 지나면서 좀 더 생산적인 일, 머리 쓰는 일들을 새벽시간에 양보하고 필사하는 시간을 퇴근 후의 시간으로 바꾸었다. 사실 필사는 베껴 쓰는 것이었기에 직접 쓰는 글보다는 더 쉽고 덜 부담스럽다. 그래서 조금 몸이 피곤해서도 가능하기에 퇴근 후 저녁식사를 하고 간단히 하는 것으로 시간대를 바꾸었다.

또한 필사하는 일을 어떤 특별한 일상사와 연결시키면 잊어버리지 않는다. 어떤 일을 할 때 잘 실천하기 위해 이 방법을 사용하면 좋다. 나는 영양제와 비타민 섭취를 위해 시간을 정했고, 그 시간은 아이들이 아침 학교 간 직후로 정했다. 아이가 학교 가는 것은 특별한 이유가 있지 않은 한, 매일 일어나는 일상사이다. 아이를 학교

에 보내고 나서 나는 바로 영양제와 비타민을 섭취한다, 라는 사실
이 뇌에 각인되면, 아이가 학교에 가는 그 사실자체가 내가 영양제
와 비타민을 섭취하는 스위치 역할을 한다. 그래서 아이가 가방 들
고 집을 나가고 나는 인사를 건네고 집에 들어오자마자 영양제 병
의 뚜껑을 열게 되는 것이다. 그것처럼, 필사도 그 원리를 적용했다.
새벽기상을 하면 먼저 필사할 책을 펴는 것이다. 새벽기상과 필사
를 연결한 것이다. 처음에 필사가 습관되기 전에 나는 그렇게 필사
하기를 실천했다.

필사하는 시간을 상황에 맞게 조정해서 하면 된다. 나는 처음 할
때는 새벽시간을 이용해서 필사를 했다. 새벽시간의 집중과 몰입으
로 필사하는 글의 내용과 형식들을 뇌 속에 저장할 수 있다. 논리적
인 흐름은 어떻게 쓸 수 있는 것인지, 형식적인 부분에서 무엇을 주
의해야할 것인지, 필사를 하는 횟수가 많아질수록 점점 느끼게 되
었다. 의식적으로 알려고 하지 않아도 필사의 횟수가 늘어갈수록
글 쓰는 방법은 나의 것이 되어간다. 필사가 익숙해지고 난 뒤, 필사
하는 시간을 다른 시간대로 옮겼다. 필사 자체가 집중을 해야 하는
일이 아니기에 시간대를 옮겨도 된다. 책을 읽으면서 나의 삶에 대
한 아이디어를 얻는다거나 아니면 새로운 인생 목표를 세운다거나
하는 좀 더 머리를 써야 하는 일에 새벽시간을 할애하고 나는 퇴근
후 시간에 필사를 했다.

퇴근 후 시간, 대략 30분정도 필사시간을 가졌다. 퇴근 후 시간 몹시 피곤한 시간이다. 아이들 먹이고 재우고, 집안일 조금만 해도 저녁 시간은 훌쩍 지나간다. 그래도 필사는 해야 한다. 왜냐하면 나와의 약속이고 책 쓰기 위해서 꼭 필요하다고 생각했기 때문이다. 집중이 안 되는 시간이지만 이 시간에 해도 필사는 괜찮다. 왜냐하면 필사라는 것이 내가 만들어내는 것이 아니라, 만들어져 있는 것을 그대로 다시 따라해 보는 것이기 때문이다. 그렇기 때문에 스트레스 없이 그 일을 할 수 있다. 이것이 가장 좋은 필사의 매력이다. 퇴근 후 저녁을 먹고 잠시 쓴다고 생각해도 전혀 부담이 안 되는 필사가 나중에는 정말 더 좋아진다. 필사가 좋아지면 한 챕터가 아니라 두 챕터도 쓴다. 한 챕터에 30분 이내 정도 걸린다고 볼 수 있다. 매일 30분씩 같은 시간에 필사를 하면서 책 쓰기가 나의 삶이 될 것 같은 같은 자신감이 생긴다.

꼭 해야겠다고 결심한 일일수록 시간을 정해야 한다. 시간을 정하면 그것을 잊어버리지 않게 된다. 영양제와 종합비타민을 야채와 과일 대신에 챙겨먹을 수밖에 없는 상황에서 몸의 건강을 유지하고 면역력을 잃어버리지 않기 위해 일정한 시간을 정하고 먹은 것처럼 그렇게 시간을 정하고 해야 한다. 필사 또한 책 쓰기를 위해서 아는 사람은 다 아는 가장 효율적인 방법이다. 그래서 될 수 있으면, 하루라도 건너뛰어서는 안 된다. 그렇기 때문에 필사도 마찬가지로 시간을 정해서 하기를 권한다. 특히 꼭 하는 일상사와 연결하면 세트처럼 필사도 거르지 않게 될 것이다. 물론 시행착오는 있다. 하지만 필사 시간을 정하지 않고 시행착오를 하는 것과 필사 시간을 정해놓고 시행착오를 하는 것은 다르다. 시간을 정한 시행착오는 일시적인 것이다. 그것은 곧 습관으로 자리 잡게 된다. 필사를 하는 습관이 글 쓰고 책 쓰기의 탄탄한 실력을 쌓는 데 밑거름이 될 것이다.

인생 첫 책으로 필사해라

—

1꼭지 글 쓰는 것이 최근 편안해졌다. 나는 현재, 17권 이상을 출간했다. 그동안 수없이 꼭지 글을 써오면서 나름 경험치가 쌓였고 노하우도 생기면서 책 쓰기가 일상처럼 점점 수월해진다. 현재, 개인저서와 공저, 기타 총 17권 이상 출간했다. 2017년 12월 이후 쓰기 시작해서 그래도 많이도 썼다. 1꼭지 쓰기를 자연스럽고 편안하게 하기 위해 열심히 써 왔다.

쓰는 것을 잘하기 위해서 할 수 있는 방법은 쓰는 것밖에 없다. 그것을 직감적으로 알았기에 나는 매일 1꼭지 쓰는 원칙을 세우고 썼다. 그 결과 이제, 1꼭지 어떻게 써야할지 어느 정도 감을 잡았고, 때론 개요 없이도 쓸 수 있겠다는 생각을 하게 되었다. 1꼭지 쓰기 전

개요쓰기를 하면, 글쓰기 할 때 옆길로 빠지지 않고 내가 하고 싶은 내용을 논리적인 순서로 쓸 수 있기 때문에 나는 꼭 개요쓰기를 한다. 매일 쓰다 보니, 급할 때는 개요 없이 쓰더라도 내용이 크게 벗어나지 않고 쓸 정도가 되었다. 1꼭지 쓰기를 이렇게 할 수 있었던 이유는 썼기 때문이다. 잘 쓰고 싶어 쓰는 것을 매일 하니, 쓴 대로 쓸 수 있게 되었다. 입력한대로 출력이 되는 컴퓨터 원리가 책 쓰기에서도 그대로 적용된다.

세부 살이 1년이 지나고 2년 차에 접어들었을 때, 아이들은 곧잘 알아듣고 말도 뜨문뜨문 했었다. 물론 영어로 말한다. 그런 아이들을 볼 때마다 신기했었다.

'참 나는 중학교 3년, 고등학교3년 대학 4년, 총 10년을 영어공부를 해도 외국인과 말 한마디 못했었는데…….'

아이들이 이렇게 알아듣고 말하는 것은 다른 이유가 없다. 듣고 말하는 환경에 노출되어 영어로 듣고 말했기 때문이다. 우리가 그렇게 읽고 외우고 공부했던 문법을 아이들은 잘 모른다. 주어가 뭐고, 동사가 뭐며, 1형식, 2형식, 이런 것 하나도 모르지만 듣고 이해할 수 있고 영어로 간단히 말도 했다. 하지만 고비는 있다. 그 고비는 바로, 듣고 말하기 다음에 찾아오는 읽고 쓰기이다.

그 당시, 아들이 이런 말을 했다.

"엄마 writing 때문에 학교에서 스트레스야, 도저히 모르겠어."

"어, 그래?"

"그래, 이제부터 튜터 선생님한테 writing 좀 가르쳐 달라고 이야기하자."

필리핀에서 아이들은 집에서 영어를 배울 수 있다. 필리핀만의 메리트라고 할까? 선생님이 직접 집으로 와서 가르쳐 준다. 한국에 비해 아주 저렴한 가격으로 영어 개인교사를 고용할 수 있다는 것이다. 처음에는 이것에 대한 필요성을 느끼지 못했다. 학교에서 8시간 이상 영어에 노출되는데, 언젠가는 스스로 하겠지, 라고 생각했다. 오히려 그런 것들이 아이들을 압박하는 것이 되지 않을까 해서 나는 튜터를 간헐적으로만 사용했다. 그래서 거의 8개월 이상 아이들 영어 튜터에는 별로 신경도 쓰지 않았다. 하지만 지금은 생각이 조금 달라졌다. 이왕이면 아이들이 이론과 함께 집중적 영어공부를 하는 것도 필요하다고 생각한다. 학교에서는 선생님들이 개인적으로 가르치기 어렵다. 학교수업을 잘 따라가기 위해서도 튜터는 필요한 것이다. 튜터 선생님은 학교수업을 봐주기도 하고 전반적으로 필요한 생활 영어를 가르친다. 아이들의 이야기를 들어주고, 그것에 맞추어서 반응해주니, 아이들은 콩글리시이지만 자신감 있게 자꾸 이야기를 하게 됨으로 인해 영어를 빨리 배우게 된다. 이런 점에서 영어가 늘게 되는 것이다. 이제는 읽고 쓰는 수업에 집중할 수 있도록 해야 하는 단계가 되었다. 영어가 늘면 학교생활 적응도 잘하게 됨은 말할 것도 없다. 그래도 이 곳 필리핀 아이들의 텃세는 없는 편이다. 그렇다하더라도, 말이 통하지 않으니 아이들과 놀아도 재미가 없고, 그것이 학교가 재미없는 이유가 되어 학교가기 싫어하는 상황이 발생할 수 있다. 그러므로 아이들이 더욱 영어를 빨리 익히는 것은 중요하다고 할 수 있다.

아들은 Writing 개인지도를 받기 시작했고 빠르게 감을 잡아갔다. 그 전 듣고 말하기만 할 때는 듣고 말하기만 할 수 있더니, 지금 writing을 시작하면서 또 조금씩 writing을 하기 시작한다. writing 수업방법은 간단했다. 단어를 먼저 알려주고 그 단어를 사용해서 아이가 문장을 만들어 보게 하는 것이다.

"Use again in a sentence."

그럼 아이가 노트에 again을 사용해서 문장을 만들었다.

"I am going to school again."

라는 방식으로 머리를 써서 만들어 나갔다. 이렇게 며칠을 공부하더니, 아이는 기쁨의 표현을 했었다. 엄마 이제, 문장을 어떻게 만드는지 좀 알겠어, 라고 이야기한다. 듣던 중 아주 보람되고 반가운 말이었다. 이렇게 튜터 선생님은 문법 없이 직접 구체적으로 쓰는 것을 반복해서 가르치면서 아이는 그것을 배우고 결국 쓰는 것도 조금씩 발전을 보이게 되었다. 쓰는 것을 잘하고 싶다면 쓰는 것을 연습해야 하는 것이 맞다. 연습한대로 아웃풋이 된다.

필사할 때도 마찬가지 원리가 적용된다. 입력한 그대로 출력도 되는 것이기에 첫 책을 쓰려는 사람은 작가의 인생 첫 책으로 필사를 하면서 느끼고 배우면 좀 더 쉽게 그 작가처럼 인생 첫 책을 쓸 수 있게 된다. 글쓰기 실력과 내공이 단단한 기성작가의 글은 처음으로 책 쓰기를 하는 사람에게는 좀 어렵게 느껴질 수 있다. 그래서 인생 첫 책을 쓰는 사람은 역시 다른 작가의 첫 책의 작품으로 필사를 해야 괴리감 없이 자신도 첫 책을 쓰게 된다. 이 점을 잘 알지 못하는 경우가 많다. 오히려 필사이니, 기성작가의 아주 잘 쓴 책을 필사 책으로 고른다. 그러면, 첫 책 쓰기가 어렵게 된다. 첫 책으로 필사해야 첫 책을 쓸 수 있는 것이다. 인생 첫 책을 쓰는 사람이 다른 작가의 첫 번째 작품으로 필사를 해야 하는 구체적인 이유는 다음과 같다.

첫째는 따라할 수 있겠다는 용기를 가질 수 있다.

필사를 하면서도 너무 어렵게 느껴지는 글이 있다. 그런 책은 필사의 책으로 선택하면 안 된다. 필사를 하면서도 쉽게 접근할 수 있는 수준의 책을 선택하는 것이 중요하다. 아주 어려운 책이 나에게 많은 배움을 줄 것이라고 생각할 수 있는데, 사실은 아니다. 오히려 그런 글은 나의 기를 죽이는 글이 된다. 글 쓸 용기를 뺏길 수 있다. 그러니 작가의 첫 책으로 선택해서 필사를 하기를 권한다.

둘째는 좌절감을 덜 느낀다.

필사를 하면서 오히려 좌절감을 느껴 포기하고 싶은 경우도 있다. 책으로 나와 있는 글은 퇴고를 몇 번씩 한 글이다. 퇴고를 하면 최소 3번 이상은 하게 된다. 원석에서 보석으로 탈바꿈된 글들이 책속의 글이라고 할 수 있다. 처음에 쓴 글과 퇴고후의 글은 많이 다르다. 특히, 인생 첫 책을 쓰는 사람의 글은 투박하고 서툴 수밖에 없는데, 자신의 글과 퇴고3번 이상한 글을 비교하면서 좌절감을 느낀다. 일단은 책의 글은 여러 번 퇴고한 글이란 것을 잊지 말자. 그리고 작가의 첫 책을 선택해서 좌절감 없이 꾸준히 필사해 나가길 바란다.

내가 처음으로 필사를 한 책은 임원화 작가의 《하루 10분 독서의 힘》이다. 임원화 작가는 간호사출신이다. 대학병원에서 힘든 신규 간호사 시절을 보냈고 병원의 힘든 상황에서 죽을 것 같은 마음에서 독서를 시작했는데, 결국 책까지 쓰고 작가가 되었다. 내가 이 책을 첫 필사 책으로 선택한 이유는 같은 간호사 출신이면서 내가 쓰려는 '독서'란 주제의 책이고 임원화 작가의 첫 책이었기에 선택하게 된 것이다.

또한 필사 책으로 좋은 것이 자신이 쉽게 공감할 수 있는 책이다. 물론 가장 기본적인 책 선택 조건은 작가의 첫 책이어야 한다는 점이다. 거기에다, 작가의 전공, 책의 주제, 기타, 다른 부분에 있어서 자신의 상황과 비슷한 책을 고르면 필사할 때도 쉽게 공감대를 형성하면서 몰입해서 필사하게 되고 몰입한 만큼 느끼고 배우는 점도 많아진다. 그래서 꼭 필사 책의 선택 조건을 메모해놓고 체크해가면서 꼼꼼히 책을 선택하는 것이 많이 배우는 방법일 수 있다는 점을 기억해야겠다.

보통 사람들은 필사하는 책이라면 유명한 책을 생각한다. 하지만 그렇지 않다. 사람마다 맞는 필사 책이 따로 있다. 더군다나 첫 책을 쓰기 위한 사람한테 가장 좋은 필사 책은 명서가 아니라 다른 작가의 인생 첫 책이다. 첫 책을 필사하면서 그대로 따라하고 느낀 것을 내 글에 적용할 수 있다. 나보다는 글을 조금 더 잘 쓰는 사람의 책이 나에게 가장 적합한 필사 책이라고 할 수 있는데, 그것이 바로 다른 작가들의 처음 쓴 책인 것이다. 기성작가의 멋진 글로 채워져 있는 책은 오히려 나에게 부정적인 생각들이 들게 할 수 있다. 자신감 결여, 좌절감, 의기소침, 이런 부정적인 사고에서 벗어나기 위해서라도 필사 책은 작가의 처음 쓴 책을 사용해야 한다는 점 기억하자. 인생 첫 책으로 필사하면서 배우고 익혀, 용기와 자신감을 가지고 책 쓰기 도전하시길 바란다.

'책 쓰기' 책을 필사해라

—

아이들과 함께한 세부 살이에 가장 크게 가치를 두는 부분은 색다른 해외 체험을 한다는 것과 생활에서 영어에 푹 빠지는 시간을 가졌다는 사실이다.

그동안 한국에서만 살았는데, 필리핀 세부라니, 하면서 깜짝 놀라기도 했나. 사람의 운명이 이렇게 하루아침에 바뀌다니, 물론 이렇게 거창하게 생각할 것은 아니지만, 그런 생각이 가끔씩 든다. 해외 살이라고는 젊었을 때 한 번도 없었기 때문에 더욱 그런 생각을 하게 되는 것 같다. 엄마는 아이가 있으면 용감해진다는 말처럼, 나도 엄마가 되어 보니, 아이를 위해서 세상 두려울 것은 없었다. 그래서 영어도 원활하지 못하지만 아이 둘을 데리고 세부 살이를 용기 있게 시작하게 되었다.

세부에서는 하루하루가 색다름, 그 자체이다. 환경도, 날씨도, 사람들도, 학교도, 모든 것들이 새로운 것이다. 한국이 아니기 때문에 1에서 10까지 색다르지 않는 것이 없다. 가장 먼저 느끼는 것이 자연환경, 즉, 날씨이다. 1년 12달이 덥다. 현지인은 세부날씨에도 겨울이 있다고 한다. 그들의 겨울인 11월, 12월이 되니, 긴 옷을 입고 가죽잠바와 청바지를 입고 다니지만 외국인인 우리에게는 12달이 다 여름처럼 느껴진다. 간혹 감기가 들긴 했었다. 그것은 더워서 에어컨을 밤새도록 세게 켜놓고 잠을 잤기 때문이었다. 4계절의 변화 없이 하나의 계절, 즉, 여름날씨에 적응하는 것이 가장 먼저 적응해야할 색다름이었다.

음식 또한 한국과 다르다. 이 곳 사람들은 기름진 음식을 많이 먹는다. 채소를 볶더라도 기름을 듬뿍 넣고 볶는다. 그리고 보니, 세부에는 볶는 요리가 많다. 모든 것을 기름을 넣고 볶아서 먹는 것을 즐긴다. 그리고 짜고 단것도 좋아한다. 짠 것은 거의 최상급이다. 날씨가 더워서 그런 것 일수 있다는 생각이 든다. 그래서 현지음식에 적응하기 쉽지 않지만 가끔씩 먹기에는 괜찮다.

아이들이 이야기했다. 학교에서 보면 필리핀 아이들이 착하다는 것이다. 처음 학교 갔을 때 아이들이 많이 도와준다고 했다. 한국에서는 새로 온 아이들에게 텃세라는 것을 부리는 경우가 종종 있는

데, 여기 아이들은 그렇지 않다는 것을 알 수 있다. 내가 경험한 필리핀 사람들도 대부분 사람들이 순하고 착하다. 물론 아닌 사람들도 있겠지만 전반적으로 순박한 편이라고 본다. 그리고 혼혈인이 많다. 스페인으로부터 200년 가까이 지배를 받았고, 다른 나라의 지배도 받아온 역사를 가진 필리핀이기에 혼혈인구도 많다. 그래서 현지인들은 어느 나라와 피가 섞였는가에 따라 성향들이 조금씩 다르다고 한다.

또한 세부 살이를 하면 영어를 사용할 기회가 많다. 아이들은 학교에 있는 8시간동안 꼼짝없이 듣는다. 좋든 싫든 영어를 들어야 한다. 한국 아이들끼리 어울리는 상황이 많지 않다면 학교생활자체는 100% 영어 노출이 된다. 엄마에게도 영어는 피할 수 없다. 마트에 가더라도 영어, 은행도 마찬가지로 콩글리시라도 영어를 표현해야 한다. 이렇게 소소한 일상에서나, 어떤 문제가 발생했을 때, 영어로 대화를 해야 한다. 번역기를 사용하기도 하지만, 못 하더라 영어를 해야 하는 상황들이 많이 있었다. 번역기 사용하면, 아무래도 속도가 느리다. 원활한 의사소통에 오히려 걸림돌이 된다. 틀리더라도 대충 이야기하는 것이 훨씬 나을 때가 많다.

이렇게 세부 살이 자체로 인해 색다른 문화와 환경의 경험과 영어로 생활하는 특별한 경험을 동시에 할 수 있다. 자라나는 아이들에게 이것만한 경험이 없다고 나는 생각한다. 기회가 된다면 한국에서 가장 가까운 세부에서 이런 경험의 기회를 만들어 보라고 강조한다. 세부 살이 하면 동시에 여러 가지 경험을 할 수 있다. 한꺼번에 다양하게 경험할 수 있는 세부 살이 자체는 값진 시간이 된다.

필사를 할 때도, 세부 살이의 다양한 체험처럼 여러 가지 효과를 동시에 얻을 수 있다. 필사의 최종목적이 책을 쓰는 것이기에 책 쓰기에 가장 도움이 되는 필사 방법들을 찾았다. 그래서 발견한 나만의 비법이라고 할까? 아주 간단한 방법이지만, 생각을 할 수도 있지만 못할 수도 있는 나만의 노하우이다. 그것은 바로 필사 책 선택할 때 주제가 '책 쓰기'인 책을 고르라는 것이다.

나에게 책 쓰기를 할 수 있도록 동기 부여한 한 작가가 있었다. 나의 첫 책을 쓰기 전에 책을 통해서 그 작가를 알게 되었다. 전공도 같고, 더군다나 내가 쓰고 싶은 책의 주제와도 같은 책을 이미 출간을 한 작가이다. 나이는 나보다 한참이 어리지만 그런 것은 중요하지 않았다. 먼저 책을 쓴 사람이었기에 나는 그녀에게 배우고 싶었다. 그래서 그녀의 첫 책부터 필사를 시작했다. 나도 첫 책을 쓰고 싶다는 열망으로 그녀의 책을 매일 필사했다. 새벽에도 하고 새벽에 못 일어난 날은 직장에서 짬 시간을 이용해서 하기도 했다. 그리고 집에 와서 세상에서 제일 무거운 눈꺼풀과 싸움을 하면서 그녀의 책을 필사했다.

이렇게 하다 보니, 또 다른 생각이 났다. 그녀의 새롭게 출간된 책

중에 '책 쓰기'를 주제로 한 책이 있었다. 그래서 그 책으로 필사를 하자고 생각했다. '책 쓰기'주제의 책은 책 쓰기에 대한 전반적인 내용이 나온다. 주제 정하는 방법, 콘셉트 정하기, 목차 만드는 방법, 1 꼭지 쓰는 방법, 다양한 책 쓰기의 이론적인 내용이 담겨있다. 그래서 그 책을 필사하면서 책 쓰기 이론에 대해서 자세히 알게 되었다. 보통 책 쓰기과정에서 이론을 배울 때는 듣기만 하는데, 나는 이론을 읽고 느끼면서 동시에 필사도 하니, 더 머리에 잘 기억이 되었다. '책 쓰기' 책으로 필사를 하면 좋은 점, 대표적인 것 2가지는 다음과 같다.

첫째는 이론과 실습이 동시에 이루어진다.

책 쓰기 책을 필사하면서 막연하게 알고 있던 책 쓰기 이론에 대해 정확히 배울 수 있다. 이론부분은 한 번 듣는다고 다 알 수 있는 것도 아니다. '책 쓰기' 책으로 필사를 하면서 반복학습도 하게 된다. 또한 그 학습방법이 쓰면서 하는 것이기에 눈으로 읽고 손으로 쓰고 여러 번 하게 되어 책 쓰기 이론에 있어서는 제대로 알게 된다. 이렇게 책 쓰기 이론을 머리에 각인시키고 직접 씀으로써 이론과 실습이 동시에 된다고 할 수 있다.

둘째, 시간을 벌수 있다.

책 쓰기 시작하기 전까지 여유 시간이 얼마 없을 때 '책 쓰기' 책으로 필사를 하면 이론도 동시에 알게 되어 이론을 배우고 익히는 시간을 줄일 수 있다. 나는 책 쓰기 2개월 전부터 필사를 하기 시작했다. 필사를 하면서 직접 필사한 작가를 만나고 싶은 생각으로 그 작가를 찾아가게 되기도 했다. 나는 처음부터 책 쓰기 주제의 책을 필사한 것은 아니었다. 필사를 하면서 '책 쓰기' 책으로 필사를 해야 겠다는 생각을 하게 되었다. 이론을 몸에 단단하게 장착 하는 데는 이 방법이 좋다. 처음부터 필사 책 선택의 2가지 조건, 작가의 첫 책 이면서 책 쓰기 주제 책을 선택하면 가장 좋겠지만 2가지 조건을 동 시에 만족시키는 그런 책을 만나기는 쉽지 않다. 왜냐하면 처음부 터 책 쓰기를 주제로 책을 쓰는 작가는 흔치 않기 때문이다. 그래서 만약 2달이라면 작가의 첫 책을 한 달 정도 필사하고, 나머지 한 달 을 책 쓰기 책으로 필사를 하면 된다. 하루에 2가지 종류의 책을 동 시에 필사해도 된다. 1챕터는 작가의 첫 책, 나머지 1챕터는 '책 쓰 기' 주제의 책으로 여유가 있다면 그렇게 2번 필사하면 된다.

필사할 때 '책 쓰기' 책을 같이 필사해라. '책 쓰기' 책은 바로 책 쓰기를 주제로 쓰인 책을 말한다. 책을 쓰기 위한 목적을 두고 필사 하는 사람이라면 책 쓰기 이론이 나오는 책을 필사하면 이론도 배 우고 실질적인 글쓰기 연습도 하게 된다. 이론과 실습 연습을 동시 에 하는 셈이다. 이것처럼 가성 비 있는 일도 없다. 하지만 너무 '책 쓰기' 책만은 고집하지말자. 이론을 위주로 하다 보니, 다소 딱딱한 글이 될 수 있기 때문에 다른 주제의 책도 함께 필사하는 것이 좋다. 1/3의 비율로 하면 좋지 않을까 생각한다. '책 쓰기' 책으로 필사하 고 이론도 업, 실력도 업, 책 쓰기 준비를 제대로 하게 될 것이다.

1일 1 챕터 필사하기

—

큰 성과물은 작은 실천으로부터 달성된다. 별일 아닌 것 같은 행동 하나가 시간이 지나면서 많은 것을 만들어낸다. 생활에서 작은 실천하나로 큰 열매의 결과를 얻게 되는 것을 보면서 그런 생각을 하게 된다. 매일 하는 작은 실천이 그동안 내 인생에서 없었던 새로운 결과물과 새로운 인생의 계기가 되는 것이다.

내가 블로그를 시작한 것은 특별한 계기가 있었다. 인생 첫 원고를 투고할 때, 일이었다.

"요즘 작가들도 SNS 활동을 해야 해요. 책만 쓰는 시대는 지났어요."

어떤 출판사 대표님의 말이었다. 인연이 닿지는 않았지만 그 말이 계속 여운으로 남았다. 그렇구나, 이제는 책도 쓰고 SNS 활동도 해야 하는구나, 라고 생각했다. 첫 책이 나온 당시까지 사실, SNS 활동을 할 여유가 없었다. 출간하고 조금 여유를 찾으면서 출판사의 그 대표님의 말이 다시 생각나 블로그를 시작하게 되었다.

기계에 대해서는 나는 감각이 떨어진다. 길에 대한 감각이 무뎌 자주 헤매는 사람을 '길치'라고 한다. 그것처럼 기계에 감각이 떨어지는 나는 스스로 '기계치'라고 생각했다. 그래서 SNS활동의 시작이 어려웠다. 블로그에 들어가서 이것을 어떻게 해야 할지 난감했다. 세상살이 문제가 생겼을 때 해결법을 찾는 쉬운 방법이 나에겐 책읽기였다. 블로그를 하겠다고 마음먹었을 때도 나는 책을 찾아보았다. 블로그에 대한 책이 이미 많이 출간되어 있었다. 내가 모른 세상인데, 이미 많은 사람들은 그것을 경험하고 있었고 그것을 활용해서 또 다른 세상을 살고 있었다.

매일 조금씩 블로그에 대해 공부했다. 처음에는 블로그를 어떻게 하는지 몰랐었는데 책을 읽으면서 하나씩 알게 되었다. 정말 시간이 약이다. 암흑처럼 답답하게 여겨지는 것도 끈을 놓지 않고 매일 조금씩 접하다보면 어느새 그것은 나의 시야에 환하게 들어오게 된다는 생각을 이 블로그를 통해서 또 하게 되었다.

블로그를 매일 접하고 더 잘하기 위해서 매일 포스팅을 해야 하는 것이 중요하단 생각을 했다. 매일 하는 것이 잘하기 위해서 제일 중요한 부분이다. 아무리 재능을 타고 났다고 하더라도 매일 하지 않는다면 한계가 있게 마련이다. 잘하는 사람도 한계에 봉착하는데, 재능이 좀 떨어진다고 느낀다면 더욱 매일 해야 한다. 나는 매일 포스팅하기 위해 주제를 정하기로 했다. 그 주제는 역시 읽고 쓰는 것에 대한 것으로 했다. 읽을 책은 항상 차고 넘치고 독서는 내가 매일 하는 일이기에 읽는 내용 중, 공유하고 싶은 감동적인 구절을 쓰고 나의 감상을 적는 포스팅 방법이 나에게 가장 좋은 것이라 생각했다.

　나는 얼마 전, 《포스팅 독서법》이란 책을 출간하게 되었다. 독서 후 포스팅을 하다 보니 나름의 노하우가 생겼다. 그래서 정리를 해서 책으로 출간하게 되었다. 처음, 포스팅할 때만해도 그냥 단순히 책의 문구를 쓰고 나의 감상을 적는 수준이었다. 하지만 지금은 나만의 프레임, 나만의 포스팅 시스템이 생겼다. 그것은 다음과 같은 방법이다. 우선, 책을 선택해서 짧은 시간 읽는다. 15분정도 읽고 포스팅할 문구하나를 선택한다. 사실 감동문구는 단지 한 문장을 읽고서도 만날 수 있다. 나의 인생에 큰 울림이 될 문구 찾기는 독서 시간이 중요하지 않다. 그렇게 읽고 핸드폰으로 문구 촬영하고 그것을 스마트 폰 블로그 앱에 가서 올린다. 이때 그 문구와 관련된 사진자료를 검색해서 하나를 선택해서 함께 올린다. 그렇게 임시저장을 한 후, 시간이 있을 때 노트북에서 블로그로 들어가 다시 임시 저장한 포스팅글을 불러와서 마무리한다. 그 문구와 관련된 나의 감상을 적고, 제목을 달아 '발행'을 누르면 포스팅 글이 올려 진다. 매일 이렇게 하면서 나는 나도 모르게 짧은 시간에 한 개의 포스팅 글을 완성할 수 있게 되었고, 그 포스팅이 나에게는 매일 읽고 쓰는 비법이 되었고 또한 이웃에게 좋은 문구 공유도 되어 여러모로 가치 있는 일이라는 것을 알게 되었다. 그리고 책까지 쓰게 된 것이다. 작은 행동하나가 결국 한 권의 책으로까지 만들어지게 되었다.

필사도 마찬가지이다. '필사'라는 어쩌면 작은 행동 하나를 통해서 얻는 것은 매우 크다. 필사는 그렇게 어렵지 않은 일이다. 베껴 쓰는 것이니 쉽게 할 수 있다. 하지만 그것의 결과는 작지 않다. 책을 출간할 수도 있다. 왜냐하면 필사는 곧 쓰는 것이고 쓰는 행위는 점점 더 쓰는 행위를 하게끔 하고 1꼭지 쓰는 방법도 알게 되어 결국 책 쓰기로 이어질 수도 있기 때문이다. 책 쓰기를 진정 원하는 사람이라면 일단 필사를 해야 한다. 책을 쓰려는 사람에게 매일 쓰는 일이 우선이기 때문이다. 블로그를 잘하기 위해서는 매일 블로그 포스팅을 해야 하듯이 책을 쓰려는 사람에게 잘 쓰든 못 쓰든 매일 쓰는 것이 중요한 것이다.

1일 1챕터 필사해라. '1일 1포스팅'이란 용어를 그대로 적용한다. 1일 1포스팅 하듯이 1일 1챕터 필사, 라는 생각을 머리에 각인시키는 것이 필요하다. 세상의 모든 일이 자신이 마음먹는 것에서부터 시작이다. 자신의 머리에 있지 않은 목표는 현실이 될 수 없다. 현실로 만들고 싶은 어떤 목표가 있다면 그 목표를 이룰 수 있는 작은 행동 하나를 먼저 정한다. 책 쓰기를 위한 그 작은 행동이 1일 1챕터 그대로 베껴 쓰기인 필사라 할 수 있다.

"일반적으로 인간은 타고난 것에 그리 좌지우지되지 않는다. 인간은 스스로 자기 자신을 만들어나가는 존재이다" – 알렉산더 그레이엄 벨

책 쓰기가 목표라면 매일 필사하면서 목표를 향해 나아가도록 하자. 1일 1챕터를 위해 나의 시간을 비워두자. 어떤 시간을 비워두어야 할지를 곰곰이 생각해보아야한다. 생활이 빡빡하다면 일부의 시간을 들어내고 대신 필사하는 시간을 나의 하루생활에 집어넣는 것이 필요하다. 필사를 위한 생활을 만드는 것이다. 사실 작은 것이라도 안하다가 하려면 갑자기 두 배로 바빠진다. 그래도 포기하지 않고 쭉 밀고 나가면 그것이 나의 생활로 장착되는 시기가 온다. 필사에 대한 가치를 크게 느낄수록 그 기간은 짧아진다. 책 쓰기에 대한 열망이 크고 간절한 마음이 깊을수록 필사가 더 빨리 나의 생활로 접수될 것이다. 그렇게 꾸준히 하다보면 자신도 모르게 쓰는 것이 익숙해지면서 1꼭지, A4 2장 쓰는 일이 가능하게 된다. 그것도 논리적 흐름에 맞는 1꼭지가 완성되는 날이 온다. 그 날까지 꾸준히 '1일

1챕터 필사하기' 밀고 나가기를 권한다.

사실 무엇인가를 꾸준히 하는 것이 쉽지는 않다. 하지만 무엇인가를 꾸준히 하지 않고는 세상에 이룰 수 있는 것이 없다. 포스팅도 1일 1포스팅을 해야 자신이 원하는 실력이 쌓이고 어떤 결과물도 있게 마련이다. 1일 1포스팅을 못하더라도 그런 마음으로 하다보면 매일 노력한 결과는 반드시 있기 마련이다. 그것처럼 필사도 매일 한 챕터씩 하는 것이 필요하다. 1일 1챕터 필사하기를 꾸준히 하다보면 자신의 책 한권 쓰는 날은 가까워질 것이다. 1일 1챕터로 매일 글을 쓰게 되고, 그것은 결국 나의 글쓰기의 시간으로 가볍게, 저항감 없이 이동하는 계기가 되기 때문이다. 처음부터 당장 이루어지는 것은 세상에 없다는 생각으로 남의 글이든 내 글이든 변함없이 쓰는 것에서부터 나의 책 쓰기는 시작된다는 생각을 하자. 1챕터를 쓸 시간이 안 된다면 1챕터의 반을 쓰더라도 건너뛰지는 말아야겠다. 자신감 있게 내 책을 쓰는 그 날까지 1일 1챕터 필사하기 고수하자.

서론-본론-결론을 생각하면서 필사하라

—

　인생 첫 책이 나오기 전, 나도 글이라는 것을 쓸 때가 있었다. 대학 때 쓰던 일기이다. 형식 없이, 마음 닿는 대로 노트에다가 손 글씨로 썼다. 형식 없이 편안하게 써서 그랬을까? 아님, 일기를 쓰는 상황이 각박한 환경이라 쓸 것이 많아서 그랬을까? 기숙사생활을 했던 그 당시 내가 쓴 일기는 졸업할 때 확인하니, 4권이나 되었다. 그 일기장은 A4 사이즈에 보통 책 두께만 했으니, 꽤 많은 양의 글을 썼다고 할 수 있다. 형식이 없으니 좋았다. 형식없이 그냥 내가 쓰고 싶은 대로 쓰니, 마음이 뻥 뚫리는 듯한 느낌을 받으면서 내 마음 내키는 대로 썼다. 하지만 거기까지였다. 그 누구한테도 보여줄 수 없는 글이었다. 물론 일기이니, 누구한테 보여줄 일이 없었다. 그것이 천만다행인 글을 나는 4년 내내 썼다.

남에게 읽히기 위한 글 이라는 것은 형식이 필요하다. 이 형식이 바로 예의라고 할 수 있겠다. 사람을 대할 때 내가 하고 싶은 대로, 내가 하고 싶은 말만 쏟아 내는 것이 아니라, 그 사람을 배려하면서 예의를 지켜 할 말 안 할 말 구분해서 하는 것처럼 글도 그렇게 상대 방을 베려하면서 써야 한다. 내 마음대로, 내 위주로 쓴다면 그 글을 끝까지 읽으려는 사람은 거의 없을지 모른다. 글에서 이런 예의가 바로 나는 글의 형식이라고 말한다. 예의이기도 하면서 읽힐 수 있는 글의 형식은 바로 서론-본론-결론이다.

글을 써봤지만 서론-본론-결론을 생각하면서 쓰지는 않았다. 서론-본론-결론을 생각하면 글이 잘 써지지 않는다. 왜 그럴까?, 이것은 글 쓰는 것을 제대로 배우지도, 제대로 연습하지도 않아서일 것이다. 초등-중등-고등 12년 동안 글쓰기에 대해서 제대로 배워본 적이 나는 거의 없었다. 다른 사람도 마찬가지일 것이라 생각한다. 특별히 글쓰기에 관심이 있거나, 그쪽 방향의 공부를 하고 싶은 열망이 있는 학생이었다면 배울 기회는 있었겠지만 대부분의 공교육시스템에서 서론-본론-결론에 대해서 배우고 쓰지 않았다. 그것이 무엇인지 막연히 알고는 있지만 연습하지 않은 경우가 대부분일 것이다.

글쓰기는 기회를 가지지 못했다는 것은 참 아쉽다. 말하는 것도 마찬가지이지만 글 쓰는 것도 우리가 꼭 배워야 할 가치 있는 배움 이기 때문이다. 사람이 살면서 배워야 할 그 어떤 배움보다도 더 가치 있는 것이 글쓰기란 것을 지금 나는 강하게 느끼고 있다. 내가 만약 학교를 세운다면 자신이 읽고 배운 것을 말과 글로 표현하는 것을 연습하고 익히는 교육과정을 넣고 싶다. 아니, 글쓰기 학교를 만들고 싶다. 머릿속에 수많은 지식이 있지만 그것을 공유하지 못한다면 무슨 의미가 있겠는가? 내가 알고 있는 것을 말하고 글로 써서 다른 사람과 공유하고 공감하며 후대에도 물려주는 것이 필요한 것이다. 그것이 바로 형식을 갖춘 말이고 글이 되는 것이다.

그래서 지금이라도 글을 제대로 쓰기 위해 나는 노력한다. 이미 여러 권의 책을 출간하면서 나는 책 쓰는 삶을 살게 되었지만 서론-본론-결론 형식을 갖춘 1꼭지쓰기가 여전히 쉽지 않다는 것을 느낀다. 이것은 언제 편하게 느낄 수 있을까? 그 날을 위해 나는 지금도 노력하고 있다. 다른 사람들이 쉽게 이해하고 공감대를 형성할 수 있는, 형식을 갖춘 1꼭지를 쓰기 위해 지금도 매일 고군분투하고 있다.

그 동안 써왔던 시간과 노력만큼 알게 모르게 쌓인 서론, 본론, 결론 쓰는 나만의 방법과 노하우는 다음과 같이 정리해본다.

서론은 꼭지 글의 메시지를 알려주는 부분이다. 하나의 꼭지 글을 쓸 때 비빌 언덕이 되는 부분이 서론이 된다. 포스팅 독서법을 적용해서 책의 문구를 포스팅할 때도 감동적 문구하나를 올려두고 그것에 대한 나의 감상들, 즉 느끼는 점, 나의 생활에 적용할 부분, 어떻게 적용할 것인지를 쓴다. 그렇듯이, 서론은 포스팅하는 핵심문구가 들어가 있는 곳이다. 이것이 비빌 언덕이 되어 본론도 쓰고 결론도 쓰게 된다. 이 핵심메시지를 쓸 때도 소소한 일상 경험을 함께 첨가해서 자연스럽게 핵심메시지에 대한 힌트를 주는 것이 좋다. 암시를 사용해도 되고, 아니면 직접 핵심을 표현해서 써도 된다. 나는 서론 쓰는 공식을 '소소한 나의 일화 + 나의 메시지'라는 공식을 강조한다. 자신의 일상사를 가져와서 쓰려는 메시지를 전달하는 것이 가장 자연스럽고 부드럽게 글을 시작하는 방법이란 것을 경험으로 느끼고 있다.

본론은 서론의 메시지에 관한 좀 더 구체적인 이유나 근거, 사례를 쓰는 곳이다. 예를 들어 책 쓰기를 하려면 매일 필사를 해야 한다, 라는 메시지를 서론에 썼다고 하자. 그럼 본론에서는 책 쓰기와 필사가 무슨 관련이 있는지?, 필사를 하면 어떤 효과가 있는지?, 필사를 하는 방법? 같은 내용을 적어주면 된다. 이때 이론위주로만 적으면 너무 딱딱하기 때문에 나의 경험과 다른 책의 내용들, 기타 여러 가지 자료가 될 수 있는 것들을 함께 쓰면 된다.

결론 부분은 그야말로 전체를 아울러서 쓰는 곳이다. 서론, 본론에 비해서 비교적 쉽게 적을 수 있다. 간단히 한 문단으로 써도 된다. 이 꼭지 글을 읽으면서 독자가 한 가지라도 건지고 마음에 감동과 여운을 가질 수 있는 말들을 글로 쓴다고 생각하면서 쓰면 된다.

필사할 때도 내가 글을 직접 쓴다고 생각하고 서론-본론-결론을 구분해야한다. 앞으로 형식을 갖추어서 글을 쓸 것이기 때문에 필사할 때부터 그것을 보려는 노력을 하면서 써야 한다. 노력하면 노력한 만큼 그런 형식이 눈에 보이게 된다. 이 꼭지에서 서론을 어떻게 썼는지?, 한번 스스로 판단을 해보자. 작가의 과거 경험을 들으면서 작가의 메시지를 표현했는지, 아니면 현재 소소한 일상 이야기를 하면서 쓸 핵심메시지를 암시했는지, 정확하지는 않지만 대략적인 느낌을 가지고 서론을 평가하면서 필사를 해보는 것이다. 핵심메시지는 넣을 수도 있고, 넣지 않을 수도 있다. 꼭지마다 다양한 방식으로 서론을 시작할 것이다. 그 글의 길이도 다양하다. 서론을 짧게 시작하고 바로 본론으로 들어갈 수도 있다. 그래도 대략적인 길이는 맞추면 보기가 좋은데, 서론, 본론, 결론의 비율을 1/2:1:1/2로 맞추면 보기도 좋고, 깔끔한 느낌을 줄 수 있다. 물론 비율을 꼭지 글마다 조금씩 바꿀 수는 있다.

본론에서도 다양한 글의 모습을 확인할 수 있다. 본론은 서론에서 표현한 핵심 메시지를 설명하는 부분으로 간접사례와 직접사례를 찾아보도록 하자. 간접사례는 꼭지제목의 핵심키워드와 간접적으로 관련된 사례이고 직접사례는 핵심키워드와 직접 관련된 사례이다. 예를 들어 1일 1챕터 필사해라, 라는 꼭지제목이라면 블로그에 대한 이야기는 간접사례가 되고 필사에 대한 이야기는 직접사례가 된다. 이렇게 구분해서 그것이 무엇인지 인식하면서 필사를 하다보면 나중에 1꼭지 글을 쓸 때 그 방식대로 따라 해보기도 쉬워진다. 그렇게 나중에는 자신의 방식대로 창의적인 글을 쓰게 될 것이다.

결론은 주로 한 문단으로 많이 쓰기 때문에 문단 안에서 어떻게 쓰는 지?, 한 문단 쓰는 방식을 배운다는 생각으로 필사를 하면 좋다. 한 문단의 흐름도 한 꼭지의 흐름과 비슷하다. 한 문단 안에서도 서론-본론-결론의 흐름이 존재한다. 핵심메시지- 이유-근거자료, 사례-핵심메시지가 들어가게 된다.

서론-본론-결론을 찾으면서 필사를 해라. 직접 쓰면 그런 것들이 더 잘 보일 수가 있다. 운전을 하는 사람이 옆에 조수석에 앉아 있는 사람보다 낯선 길을 더 잘 기억하고 인지하듯이 필사를 하면 그런 것들이 더 잘 보이고 잘 인식하게 된다. 그냥 내용에만 집중하면서 필사하기보다는 형식을 생각하면서 필사하려는 노력을 해 보자.

책을 쓰려면 형식을 갖춘 글을 쓸 수 있어야 한다. 대표적인 형식이 서론-본론-결론이다. 이것을 갖춘 A4 2장을 쓰는 연습을 필사를 통해서 매일 한다면 책 쓰기 초고완성도 그리 어려운 것은 아닐 것이다. 나는 지금도 서론-본론-결론을 생각하면서 글을 쓴다. 그동안 그 형식을 외면하고 살았기에 그것을 다시 찾는 시간도 나에게는 길다. 서론-본론-결론, 이것을 어떻게 쓰는지에 익숙해지면 모든 글이 빠르게 눈에 보인다. 또한 빠르게 읽을 수도 있다. 서론-본론-결론에 익숙해지면 우리는 많은 것을 할 수 있다는 것이다. 필사할 때부터 서론-본론-결론을 찾으면서 하자. 형식을 생각하고 필사한다면 그 형식을 갖춘 1꼭지 쓰기도 나의 기술로 장착할 수 있을 것이다.

2달 전부터 필사해라

—

새벽, 방충 문으로 새끼고양이와 어미고양이의 모습이 희미하게 보인다. 갑자기 어미고양이는 새끼고양이를 껴안고 드러눕더니 두 발로 새끼고양이를 찬다. 머리를 물기도 하고, 발로 얼굴을 때리기도 한다. 새끼고양이는 이제 겨우 3개월 정도 지난 아직 어린 고양이이다. 새끼고양이는 고함을 지르기도 하고 급기야는 어미로부터 도망쳐 나간다. 이것이 무슨 상황인가? 조금 전까지만 해도 새끼고양이를 핥아 주던 어미고양이었는데…… 그런데 가만히 살펴보니, 어미고양이는 세게 차지도 않았고, 머리를 세게 물지도 않았으며 발로 머리를 칠 때도 매몰차게 하지 않았다. 새끼고양이가 미워서 그런 것이 아니라, 새끼 고양이를 사랑하기 때문에 훈육 중이었다

180

는 것을 느낄 수 있었다.

필리핀은 동물들의 천국이다. 필리핀 세부살이할 때, 나는 필리핀의 특이한 점을 알게 되었다. 그것은 거리에 동물들이 많다는 점이다. 이곳에 세부 옆 막탄 시골이라서 그런지 개들은 사람만큼이나 많아 보인다. 고양이 또한 마찬가지이다. 대체로 사람한테는 순한 동물들이지만 그들의 세계에서는 살기위한 치열한 경쟁이 있을 수밖에 없다. 개체수가 너무 많기 때문에 어쩔 수 없이 발생하는 상황일 것이다. 이런 상황에서 동물들은 스스로 살아가는 방법을 터득해야 한다. 그렇기에 어미들은 새끼들한테 살아가는 방법과 싸우는 방법을 가르친다. 삶의 현장에 나가기 전 어릴 때부터 몸도 마음도 미리 준비를 시키는 것 같다. 미리 준비하는 것은 더 잘 적응하고, 더 잘 살아가는데 있어서 중요하다. 때론 그것이 살아남아 새로운 세계를 적응하고 때론 정복하는데 결정적인 것을 제공하는 것이 되기도 한다.

세상에 나가기전 어미가 어린 고양이를 준비시키듯, 책쓰기를 하기 전에 우리가 스스로 준비해야 할 것이 있다. 시간이 좀 있다면 2달 전부터 필사로 준비하면 좋다. 어느 날 갑자기 글쓰기를 해서 책을 쓸 수 있는 것은 아니다. 그 동안 너무 많이 쓰지 않았기 때문이다. 모든 사람들이 다들 비슷한 상황이다. 왜냐하면 글 쓰는 것에 특별히 의미와 가치를 주는 환경에서 살아오지 않았기 때문일 것이다. 글을 잘 쓰면 좋지만 그것에 목숨 걸지도 그것을 특별하게 여기지도 않는다. 주변에 웬만해서는 쓰는 사람이 없기 때문이다. 물론 서점에 가면 책들은 즐비하고 그 책을 쓴 작가의 이름을 수도 없이 듣고 접했지만 우리 생활공간에서 그런 사람을 만나기란 흔치 않다. 그래서 쓰는 것에 특별히 열망이 없었다고 생각한다. 그렇게 오랫동안 쓰는 생활 없이 살아오다가 어느 날 갑자기 독자가 읽을 수 있는 글을 쓴다는 것이 쉽지 않다고 말할 수 있다. 그래서 다른 사람에게 읽힐 수 있는 글을 쓰겠다고 결심했다면 그 전에 미리 해야 할 일이 있는 것이다. 그것이 바로 필사이다.

책 쓰기 전, 필사를 미리 하면 좋은 이유는 몇 가지로 정리할 수 있다.

첫째는 글쓰기 모드로 몸을 세팅한다는 것이다.

앞에서도 이야기했듯이 쓰는 삶, 쓰는 일상이 없었기 때문에 몸이 제대로 움직여지지 않아 쓰는 것 자체에 무의식적 거부반응이 있다. 사람마다, 조금씩의 차이는 있지만, 대부분 이 거부반응이 나타난다. 책 쓰기 전에 거부반응이 없는 상황으로 미리 만들어주어야 한다. 몸에서 나타나는 거부반응은 몸을 움직임으로 풀어야 한다. 탈 감작이란 용어가 있다. 이것은 알레르기 증상이, 알러지 원에 노출되는 횟수가 많을수록 알러지 증상이 없어진다는 개념으로 치료의 한 방법으로 사용하고 있다. 거부반응을 일으키는 상황에 자주 노출시킴으로써 그것에 대한 부정적인 반응을 없애는 방식을 글쓰기, 책 쓰기에도 적용하는 것이다. 그 방법이 바로 필사이다. 매일 쓰면서 쓰는 것에 대한 몸의 거부반응을 없앤다.

두 번째는 쓰는 것에 대한 마음가짐이 달라진다.

몸과 마음은 일심동체이다. 바늘 가는데 실이 따라가듯, 몸 가는데 마음도 따라간다. 쓰는 것에 대해 몸이 말을 안 듣는다면 마음 또한 마찬가지로 불편한 상황이다. 쓰는 것이 익숙지 않고 자신이 없다. 내가 글쓰기에 재능이 있는지? 내가 즐기면서 할 수 있는지? 글쓰기에 있어서는 그것과 관련된 나의 자아개념이 없다. 단지 그냥 쓰기가 어렵다는 생각뿐인 것이다. 이제부터 글쓰기와 관련된 나 자신의 모습을 찾아 나서야 할 때다. 글쓰기를 잘하든, 못하든, 좋아하든, 싫어하든, 나의 모습, 나의 마음이 어떤 것인지 일단 경험을 해봐야한다. 말하는 것이 인간의 본능이듯이 쓰는 것도 마찬가지일 가능성이 높다. 단지 그것을 확인할 길이 그동안 없었을 뿐이다. 최근 많은 사람들은 짧은 메시지를 매일 쓰면서 살고 있지 않은가? 전혀 스트레스 없이 일상처럼 글을 쓰고 살고 있다. 이제 긴 글에 자신을 노출시켜볼 때이다. 아마도 반복된 글쓰기를 통해 짧은 글 쓰듯 다소 긴 글도 일상처럼 편안하게 쓸 수 있을 것이라 생각한다.

셋째는 미리 예습을 하는 것이다.

새로운 내용을 배울 때 예습을 할 경우 그것에 대해 편안한 마음을 가진다. 편안한 마음이 더 잘 배우게 하는 원동력이 된다. 새로운 분야가 전혀 색다른 부분이라면 예습은 더욱 그 진가를 발휘하게 된다. 책 쓰기를 위한 필사, 매일 1일 1챕터씩 하면서 제대로 예습을 될 것이다. 특히 책 쓰기 책으로 필사를 하면서 이론도 함께 인지할 수 있으니, 이것처럼 좋은 예습방법이 없다. 예습을 통해서 책 쓰기 자연스럽게 시작되고 필사를 통해 쌓은 실력으로 무난히 초고완성 하게 될 것이다.

넷째는 조금 알 것 같다는 느낌과 함께 자신감을 가지게 된다.

자신감을 가지면 일단 점수 확보하고 시작하는 것과 같다. 책 쓰기에 대한 자신감은 책 쓰기 시작을 하게하고 그 자신감이 계속 유지된다면 초고 완성까지 무난히 진행 된다고 볼 수 있다. 책 쓰기의 원동력이 되는 것이다. 자신감은 어떻게 해서 생길 수 있는가? 그 분야에 대해서 잘 알게 되고, 잘 하게 되면 생기는 것이다. 필사를 하면서 남의 글일지라도 쓰는 것을 하게 되고 매일 하나씩 조금씩 느끼게 된다. 1꼭지를 쓰는 것을 어떻게 해야 하는지, 사례는 어떤 것을 찾아서 가져와, 1꼭지 제목과 연결해서 내가 하고 싶은 메시지를 표현하는 근거로 활용할 것인지? 다양한 책만큼이나 다양한 작가들의 그 다양한 방법들을 접하고 쓰면서 나만의 것을 찾을 수 있다. 결국 글은 자신의 스타일대로 쓰게 된다. 기존 작가의 쓰는 방식을 배울 수 있고, 참고로 하지만 결국 자신의 스타일이 나오게 된다.

타고난 성격처럼, 타고난 글 쓰는 스타일이 나오게 되는 것이다. 그래서 내용 자체도 중요하지만 글의 형식에 있어서 독특한 면을 보일 수 있어 그것 자체로 독특한 개성을 보여주게 된다. 자신만의 메시지, 글 쓰는 방식을 조금씩 찾으면서 자신감은 더욱 커진다. 필사하는 것과 동시에 가끔씩 자신의 글을 쓰면서 이런 과정을 거치게 된다.

책 쓰기 전 필사는 시간이 있다면, 2달 전부터 하기를 권한다. 왜냐하면 위의 변화들은 어느 정도 시간이 필요한데, 2달 정도 하면서서히 변화가 일어난다. 몸과 마음이 쓰는 것에 불편하지 않고 조금은 익숙해지기 시작하며, 쓰면서 느끼고 배우게 됨으로 자신감이 붙는데 필요한 시간이다. 나도 첫 책을 위한 초고를 쓰기 전, 2개월 정도 필사를 했다. 그 전 글 쓰는 것과 먼 생활을 했었기에 무엇인가를 일단, 쓰자는 단순한 생각으로 시작했다. 하지만, 아주 단순한 그 행동의 효과는 놀라웠다. 시간이 넉넉하다면 2개월 정도 필사를 하고, 그 정도면 책 쓰기 준비가 어느 정도 되리라 본다. 습관형성에 필요한 시간을 보통 3개월이라고 많이들 이야기한다. 사람마다 차이는 있겠지만 매일 1일 1챕터 필사하면서 3개월 정도 한다면 쓰는 것은 완전 나의 습관이 될 것이다. 생활에서 30분 정도 할애해서 1챕터 자판 필사하는 것이 익숙해진다면 그때부터는 매일 쓰게 될 것이다. 남의 글도 쓰고 내 글도 쓰고, 쓰는 것이 일상이 된다. 매일 쓰면서 책 쓰기도 쉽게 접근할 수 있다. 책 쓰기도 특별하지 않고 평범한 일상이 될 수 있다는 자신감을 가지게 된다. 비록, 필사이지만 1챕터, 즉, 1꼭지 쓰는 것을 매일 해봤기 때문에 내 글쓰기도 그렇게 해보자, 하는 각오가 생긴다.

시간이 된다면, 책 쓰기 시작 2달 전부터 필사를 시작하자. 책 쓰기를 좀 더 저항감 없이 부드럽게 시작하는 방법이 바로 필사부터 시작하는 것이다. 만약 시간이 없다면, 책 쓰기하면서 필사도 함께 하기를 권한다. 필사로 책 쓰기를 시작하거나, 필사와 함께 책 쓰기를 한다면, 평생 버킷리스트 항목에서 책 쓰기가 사라질 수 있을 것이다. 운동을 하기 전이나 새로운 시작에서 워밍업이 필요하듯이, 워밍업의 개념으로 필사하기를 권한다. 필사하기는 워밍 업이면서 책 쓰기에 대해 더 많이 알고 시작하는 계기가 된다. 부작용 없이 책 쓰기를 시작하고 간절한 소망인 내 이름이 박힌 한 권의 책을 무사히 손에 넣기를 바란다. 본격적인 책 쓰기의 2달 전부터 필사하되, 상황이 여의치 않다면, 책 쓰기 중에서도 필사는 꼭 챙긴다는 것을 가슴에 새기자.

내 글을 써보고 싶다는 생각이 들 때까지
필사하라

—

"하다 보면 점점 발동이 걸린다."라는 말이 있다. 처음 시작하기가 어려워서 그렇지, 막상 시작하면 생각지도 않게도 여러 가지 이유들로 가속도가 붙는다. 점점 잘하게 되고 더 잘하고 싶은 마음의 변화가 일어난다. 꼭 해내고 말겠다는 강한 의지, 욕망도 생긴다. 그런 마음의 변화로 처음에는 힘들어 하던 그 일이 현실로 바뀌게 된다.

2018년 9월 세부살이를 할 때였다. 세부에 온지 얼마 지나지 않아, 나는 문제 하나를 인지하게 되었다. 이것은 생각하기에 따라, 작은 문제일수도 있고, 큰 문제일수도 있다. 그 문제는 다름이 아니라, 아이들이 다니던 몬테소리 학교에서 다음 해에 학년 진급이 안 될 수도 있다는 것이다. 아이들은 3학년, 2학년 반에서 공부를 했었는데 그 반 아이들과 함께 진급을 못한다는 의미이다. 이 학교의 새학기 시작은 6월 준순 경이었다. 우리가 세부에 있는 그 학교 입학한 것은 9월, 그래서 한 번의 시험이 지나갔다. 그 한 번의 시험을 못봤기 때문에 진급이 안 된다고 말했다. 진급이 안 된다면 같은 학년에서 한 번 더 영어 배운다고 생각할 수도 있는데, 큰 아이가 자기는 꼭 진급을 해야 한다고 주장한다. 큰 아이가 그렇게 말하는 이유는 아이들 보기에 창피하다는 것, 그리고 현재 같은 학년의 한국 아이들 2~3명과 헤어지기 싫다는 것이다. 그것도 일리가 있는 말이다.

처음 학교에서 진급이 안 된다고 했을 때 나는 그냥 알겠다고 했다. 어차피 영어가 많이 부족하니, 그래도 낮은 반에서 공부하는 것이 낫다고 긍정적으로 생각했다. 하지만 아이가 진급이 안 되면 한국으로 돌아가겠다고 강력하게 이야기했었고, 나도 가만히 생각해보니, 굳이 진급을 안 시켜주는 이유가 이해가 가지 않았다. 한국에서 9월까지 출석하고 공부한 한국학교의 서류를 다 제출을 했는데, 진급이 안 될 이유가 없었다. 물론 나의 생각이다. 하지만 그래도 내 생각이 잘못되었는지 자세히 확인은 해보자는 생각이 들었다. 또한 이것은 아닌 것 같은 생각이 점점 더 강하게 들었다. 내가 원해서 진급을 안 하는 것이랑, 학교에서 진급을 안 시켜줘서 진급을 못하는 것이랑 다르기 때문이다. 그래서 나의 튜터이기도 한 이웃의 제인에게 이 이야기를 물어보았다. 제인도 이 이야기를 듣더니, 이해가 잘 안된다고, 당연히 한국 학교의 서류제출하면 진급이 되어야 한다, 라고 말했다.

　이 문제를 생각할수록 이것은 확인해야한다는 생각이 강해졌다. 아무리 나라가 다르더라도 이해가 가지 않는 부분이라, 결국 우리는 교육청에 가서 문의를 했다. 이웃의 제인과 에이미랑 함께 교육청을 찾았다. 교육청에서 안내해 주는 대로 담당자에게 갔다. 주로 제인이 상황을 설명하고 질문하고 답을 들어서 우리에게 다시 영어로 말해주는 식으로 이야기가 진행되었다. 담당자는 우리의 이야기를 듣고 진급에 문제없다는 식으로 이야기를 했다. 그리고 학교에 직접 전화를 해주었다. 그렇게 해서 진급문제는 자연스럽게 해결을 볼 수 있었다. 이렇게 생각할수록 더욱 의문이 생기는 일들이 있다. 처음에는 아무렇지 않게 그냥 단순하게 생각했던 것이 거듭 생각 할수록 명확하게 하고 싶고, 그것을 제대로 해결하고 싶은 욕구가 생긴다. 그런 욕구로 인해 새롭게 상황은 바뀌고 별 문제없이 원하는 것을 얻을 수 있게 된다.

　필사를 할 때도 시간이 지날수록 욕구의 변화가 생긴다. 처음에는 단순한 목적, 매일 글을 쓰자는 생각으로 시작했더라도 거듭할수록 분명하게 변화되는 것이 있다. 욕심이 생긴다. 그 욕심은 아주 중요한 특별한 변화를 일으킨다.

나는 책을 쓰고 싶은 마음이 있었지만 무엇을 어떻게 해야 할지 몰랐다. 책을 쓰고 싶다는 욕구를 가지게 된 것은 책을 읽고 5년이 흐른 뒤의 시점이었다. 나는 육아의 힘듦을 책으로 위안 받았고 또한 육아에 대한 지식과 정보, 노하우를 얻었다. 직장생활의 매너리즘으로 인한 위기도 책으로 극복할 수 있었다. 지금도 나는 생각한다. 세상살이 어떤 어려움에 봉착했을 때는 다른 곳에서 헤매지 말고 집에서 조용히 책과 함께 그 문제를 해결해보라고 강조하고 싶다. 모든 문제의 해결은 자신의 마음에서부터 가능하다. 그 마음을 다스리게 도와주는 것은 책이 된다. 그렇게 책은 세상살이 문제를 해결하는데 실마리가 된다. 이런 책의 도움을 받았기에 나도 내가 받은 대로 세상에 조금이라도 돌려주고 싶었다. 그래서 책을 쓰고자 하는 마음이 강하게 들었다. 하지만 방법을 몰라 일단은 무작정 필사를 시작했다.

필사를 한 달 정도 매일 했다. 그 전에 글이라고는 일기밖에 쓰지 않았다. 형식도 없었고, 그냥 어차피 나 혼자 읽는 글이기에 그냥 썼었다. 완전, 혼자만 볼 수 있는 일기를 썼었다. 하지만 필사를 하면서 '아~!! 글이라는 것은 이렇게 깔끔하게, 다른 사람이 읽을 때, 이해가 잘 되고 눈으로 봐도 확연히 서론-본론-결론의 구분이 되도록, 그런 느낌이 들도록 써야 하는구나.'라고 생각했다. 대부분 출간된 자기 계발서들은 한 챕터당, 서론, 본론, 결론에 맞추어서 A4 2장의 장수를 맞추어 쓴다. 그러니 그 글의 구조가 깔끔하게 떨어지게 된다. 일단 쓰면서 나의 글과는 그런 면에서 완전히 다르다는 생각을 하면서 필사를 했다.

필사 한 달 정도 쓰고 보니, 나도 한 번 내 글을 써보고 싶다는 생각이 들었다. 사실 처음에는 읽히는 글을 잘 못써서 필사를 시작했다. 도저히 자신이 생기지가 않았다. 남들에게 읽히는 글, 내가 과연 그런 글을 쓸 수 있을까? 하는 의심부터 들었다. 그래서 필사라도 해야겠다는 마음으로 필사를 시작한 것이다. 사람이 적응의 동물이라고, 어떤 상황에서도 적응은 되고, 발전 또한 서서히 일어난다. 남의 글을 쓰는 것이 무슨 가치가 있을까? 의심을 가지고 한 필사이지만 그것이 자신감으로 돌아왔다. 이것은 곧 글쓰기, 나도 할 수 있겠어, 라는 의미일 것이다. 그래서 시도를 해보았다. 필사한 작가의 글을 하나 복사해서 책상 앞에 붙여 놓고 그것처럼, 그 구조대로 나도 쓰겠다는 각오로 쓰기 시작했다. 처음 시도하는 글쓰기라서 그런지, 마음 같이 잘 되지 않았다. 그래, 그래도 내 글을 쓰기 시작했다는 것이 어디야, 아주 좋아, 하는 마음으로 일시적 실패를 기쁜 마음으로 받아들이고 다시 필사를 했다. 그리고 2번째 시도한 나의 글쓰기에서는 어찌했든 2장을 채울 수 있었다.

처음 필사할 때를 생각하면 정말 막막한 상황이었다. 남의 글이라도 썼기 때문에 서서히 자신감을 가지게 되었던 것이다. 남의 글

쓰기에서 내 글쓰기로 변화도 가능했다. 새로운 것을 배우는 어린 아이마냥 따라하는 것부터 한다고 생각하자. 따라 하다보면 자신도 모르게 배우게 된다. 쉬운 것부터 하나하나 배우게 된다. 너무 실력 차이가 난다면 너무 어려운 마음이 들 수 있지만 다른 작가의 첫 책이라면 제대로 배울 수 있다. 어쩌면 순식간에 배워버릴 수도 있다. 그런 것을 상상하면서 필사하다보면 책 쓰기도 나름 마스터 할 수 있는 것이다.

필사를 하다보면 나도 쓸 수 있겠다, 라는 생각이 반드시 드는 때가 온다. 그런 마음이 들 때까지 느긋하게 필사하면 된다. 사람에 따라 한 달 뒤가 될 수도 있고, 두 달 뒤가 될 수도 있다. 꼼꼼한 사람이라면, 좀 더 완벽하게 쓰고 싶기 때문에 더 시간이 필요할 수 있다. 하지만 너무 완벽을 기하면 글쓰기는 하지 못한다는 점을 기억하자. 글쓰기를 하지 못하면 책 쓰기도 하지 못하게 된다. 남의 글쓰기 한 50%정도 흉내 낼 수 있다는 생각이 든다면 바로 내 글을 시작해보자. 내 글을 쓰면서 글쓰기 실력은 좋아지고, 책 쓰는 것도 덜 부담스럽게 될 것이다. 필사로 느낀 대로, 배운 대로 1꼭지, 1꼭지 써나갈 수 있는 힘이 생긴다. 필사로 생긴 힘으로 1꼭지 쓰면 책 한권도 무난히 쓸 수 있다. 초고완성, 그 날을 상상하는 것만으로도 설레고 가슴이 벅차오른다. 그날이 이제 곧 당신의 현실이 될 것이다.

PART.5

나에게 간절한 책 쓰기,
필사로 시작해라

간절한 책 쓰기, 어렵게 말고 쉽게 접근해라

—

가끔씩 기억이 깜빡거릴 때가 있다. 나이가 들면 더 그런 상황이 많이 발생한다. 엄마들은 아이를 낳아서 뇌세포가 죽어 그렇다고 스스로를 변호하려한다. 남자들은 직장에서 너무 일을 많이 하고 스트레스를 받아서 그렇다고도 한다. 굳이 그렇게까지 변호할 필요는 없는데, 민망한 마음에 그렇게 말한다. 특히 평상시 자주 사용하던 것을 잊어 버렸을 때 특히 더 그렇다. 예를 들어 사람의 이름이 갑자기 생각나지 않는다거나, 무슨 이야기를 하려고 하는데, 평범한 단어하나가 생각나지 않는다거나 할 때이다. 특히, 집 현관 비밀번호가 갑자기 생각나지 않을 때, 그럴 때는 나의 머리 상태를 의심하게 된다. 이것은 건망증이 아니라 거의 치매 수준이야, 라고 스스로를 자책한다.

나도 그런 적이 있었다. 갑자기 현관 번호가 생각나지 않았다.

"이런, 왜 이러지? 내 머리에 무슨 일이 일어난 거야?"

생각할수록 번호는 더욱 떠오르지 않는다. 이럴 때 가장 좋은 처방은 그냥 그럴 수 있다고 생각하는 것이다. 세상에 죽고 사는 것 외에 당황할 일은 없다, 라고 생각하는 것이다. 어떤 상황에서도 그만큼 배움이라는 값진 보답이 있기에 나쁜 일도 "아~! 그렇구나."하고 의연하게 받아들이고 행동하면 된다. 하물며 현관 비밀번호를 잊어버린 것은 아무것도 아닌 것이다. 의연하면서 차분하게, 잊어버렸구나, 라고 여기고 다시 생각을 하는 것이다. 잠시 그렇게 생각하다보면 거의 99% 이상, 다시 생각난다. 집중해서 해결점을 찾아 생각했기 때문에 뇌는 놀라운 능력을 발휘한다. 마음 흐르는 대로 그러나 간절함을 담아 생각하는 것들은 문제해결의 핵심 아이디어를 생각해낼 수 있는 것이다. 그 아이디어가 당신이 원하는 그것을 쉽게 달성하게 도와준다.

내 인생을 돌이켜 봤을 때, 간절한 때가 3번 있었다. 첫째는 대학입시 공부할 때, 둘째는 임용고시 시험 준비할 때, 셋째는 책 쓰기를 할 때이다.

나는 재수를 했다. 재수를 하면서 처음으로 인생이 힘들다는 생각을 해보았다. 고향은 지방이었지만 재수를 하기 위해 언니를 따라 서울로 올라왔다. 언니도 이제 갓 대학을 졸업하고 간호사로서 대학병원에 처음으로 취직해서 적응하기 바쁜 상황이었다. 그런 상황이지만 평생 인연인 형부를 만나 갓 결혼한 신혼이었다. 나는 신혼집에서 민폐를 끼치면서 재수를 했다. 그렇기에 더욱 좋은 대학을 가겠다는 열망을 가졌다. 이상과 현실의 차이. 그때 재수를 하면서 느꼈다. 마음은 좋은 대학 입학이었지만 현실은 그것이 가능할까 하는 마음이 있었다. 시간이 지나면서 더욱 불안한 마음이 생겼다. 그래도 '좋은 대학'이란 열망이 있었기에 언니가 내미는 '국군간호 사관학교' 원서를 받아들었다. 처음에는 너무나 생소해서 망설였다. 하지만 생각을 바꾸었다. 국군간호사관학교는 미리 시험을 보는 학교라 합격하면 가장 좋고 합격하지 못하더라도 나의 실력을 확인할 수 있겠다는 생각으로, 간절한 마음으로 시험을 봤다.

운 좋게도 나는 합격을 할 수 있었다. 국군간호사관학교는 3차 까지 테스트를 했다. 마지막 3차는 신원조회이다. 생각지도 않게 3차 신원조회에서 떨어지는 경우도 가끔 있다. 그렇기 때문에 아무리 실력이 좋아도 운이 많이 필요한 곳이라고 할 수 있다. 나는 내 마음에 흡족한 '4년제 대학입시'라는 목표에 간절한 마음이 있었기에 그 방법을 계속 생각했었고, 결국 9월쯤, 국군간호 사관학교 시험을 보게 되고, 입학을 하게 되었다.

내 인생 2번째 간절한 때가 임용고시 시험 볼 때이다. 보건교사

임용고시를 보면서 또 한 번 나는 운이 좋았구나, 하는 생각을 했다. 아니면 이것이 간절함의 보답인가 하는 생각도 한다. 임용고시 때 운이 좋다고 생각하는 이유는 그 당시 임용고시는 국가기술자격증이 있으면 가산점을 주는 제도가 있었는데, 간만의 차이로 나는 그 자격증을 취득하고 가산점을 얻어서 합격할 수 있었기 때문이다. 임용고시 보는 달이 11월이라면 나는 9월에 한식조리사 자격증을 취득하기 위해 요리학원을 등록했다. 한 번 갈 때마다 3시간의 실습을 했다. 임용고시 치기 전, 한 번의 한식조리사 시험 볼 기회가 있다. 그 기회를 놓치지 않기 위해 나는 대략 50가지의 요리를 배우고 익히기 위해 노력했다. 그렇게 주부경력 오래된 엄마들도 실습에서 떨어진다는 그 어려운 실기 시험에 1차에 합격했다. 그 가산점을 얻었기에 임용고시에도 무난히 합격하지 않았을까 생각한다. 이것 또한 간절함이 이루어 낸 성과이다. 간절하면 방법에 대한 아이디어가 떠오른다. 그 방법으로 내가 원하는 것을 결국 달성하게 된다.

세 번째 간절한 때는 바로 책을 쓸 때였다. 앞에서도 여러 번 이야기했지만 나는 글이라는 것을 그전에 거의 써보지 않았다. 긴 글, A4 2장 정도의 글은 거의 쓸 일이 없었다. 한 가지, 육아시작과 함께 5년 전부터 책을 열심히 읽었다는 점이 있다. 그런 독서경험으로 나의 경험과 노하우를 공유해야겠다는 간절한 마음이 생겼고 그렇게 책 쓰기를 시작하게 되었다.

"이것을 어떻게 접근해야 할까? 책 쓰기 어떻게 하면 할 수 있을까?"

이 생각이 온통 머릿속을 채웠다. 정말 간절함인 것이다. 간절했기 때문에 머리에 그 생각이 가득 찼고, 무엇을 하든 간에 그것과 연결해서 그 답을 찾기 위해 고심했다. 그러다 우연한 기회에 책 쓰기 방법에 대한 실마리를 찾게 되었다.

"컴퓨터는 자료를 넣은 대로 나오게 된다."

"입력한 대로 그대로 출력이 되는 거야."

그래, 맞아. 사람도 마찬가지일 거야, 수영을 잘하고 싶으면 직접 수영을 해야 하고, 영어를 잘하고 싶으면 직접 영어로 말해야 하고, 말을 잘하고 싶으면 직접 말을 많이 해 봐야하고, 그것처럼 책을 쓰려면 직접 글을 써야 한다, 라고 생각했다. 그래서 찾은 해답은 어떤 방법으로든 글을 써야한다는 것이었다.

그래서 필사를 하게 되었다. 왜냐하면 나의 생각을 쓰는 글이 처음에는 쉽지 않았기 때문이다. 책 쓰기는 일기쓰기가 아니다. 누군가가 읽을 수 있는 글을 써야 하는데, 일기 쓰듯이 쓸 수는 없는 것이다. 일반 책을 보면서 어떻게 사람들한테 읽히는 책을 썼는지, 그것을 생각하면서 직접 쓰기 시작했다. 바로 필사를 하기 시작했다. 나의 필사는 책 쓰기에 대한 간절함에서 시작되었다. 나에게 누군가 필사를 하라고 힌트를 준 사람은 없었다. 세상살이 살아남기 위해 나름의 처세술을 익혀나가듯이, 책 쓰기를 해내기 위해서 필사라는 것을 나는 스스로 발견했다. 이것은 나의 잠재의식이 나에게 알려준 것이라 생각한다. 다른 작가의 도움을 받고 있는 중에도 필사의 필요성에 대해서 듣지 못했다. 간절함이 있었기에 가능했다. 간절함으로 필사를 해야 한다는 아이디어를 얻을 수 있었고 그렇게 쉽게 책 쓰기에 접근하고 빠르게 인생 첫 책을 출간할 수 있었다.

어떤 상황에서든 그것에 가장 적합한 해답을 얻을 수 있다. 어렵게 보이는 상황일지라도 곰곰이 생각하면 아이디어를 얻을 수 있다. 책 쓰기도 어렵게 느껴지는 것 중 하나이다. 그래서 사람들은 책 쓰기 시작이 어렵다. 하지만 단지 지금 쓰기 전의 기분 상 책 쓰기가 어렵다는 것이지 실제 막상 해보면, 아닐 수도 있는 것이다. 책 쓰기를 쉽게 접근할 방법은 분명히 있고. 그 방법이 바로 필사이다. 그대로 베껴 쓰기만 하면 되기 때문에 필사는 누구나 할 수 있다. 누구나 할 수 있으면서 그 효과는 크다. 필사를 꾸준히 한다면 누구나 책 쓰기 좀 더 쉽게 성공할 수 있을 것이라고 강조한다. 나 또한, 필사를 통해서 인생 첫 책 쓰기를 결국, 성공했다고 말하고 싶다. 다른 작가의 조언이 있다하더라도 필사를 같이 병행 하면서 몸으로 익힌다면, 더 쉽게 책 쓰기 성공할 수 있다. 간절한 책 쓰기, 필사를 통해서 시작하고 완성하시길 바란다.

내 글, 남의 글 구분 두지 마라

—

"배고프면 찬밥 더운밥 가리지 않는다."

이 문구는 배고플 때만 적용되는 것이 아니다. 쓰기를 처음 시작할 때도 똑같이 적용된다. 글쓰기나 책 쓰기 처음 시작할 때는 내 글, 남의 글 구분하지 말아야 한다. 즉, 남의 글도 쓰고 내 글도 써야 한다.

정말 배가 고프면 아무것이나 먹을 수 있다. 그래서 밥을 거부하는 아이들에게 따라다니면서 먹이려고 할 것이 아니라, 힘 빼지 말고 아이가 배가 고플 때까지 가만히 두는 것이다. 배가 고프면 가리지 않게 된다. 엄마가 챙겨주는 대로 먹는다. 간혹, 그렇지 않은 아이가 있겠지만, 그래도 진짜 배가 고프다면, 그렇게 고집 센 아이도 먹게 되어있다.

정아와 수홍이는 특별히 음식을 심하게 가리지는 않는다. 하지만 대부분의 아이들처럼 콩을 잘 먹지 않으려 한다. 필리핀 세부살이 할 때, 세부에서 흔히 볼 수 있고 현지인이 많이 먹는 저렴한 콩이 우리나라의 팥과 비슷하게 생긴 작은 콩이다. 색깔은 붉은 색이 아니고 그린 색에 가깝다. 현지인들은 그 콩을 이용해서 걸쭉하게 국물 있는 음식을 만든다. 나는 그 음식을 먹어보고 반해버렸다. 구수하고 씹는 맛도 있으면서 콩이니 영양가도 좋고 모든 것이 만족스러웠다. 필리핀 음식 중에 제일 마음에 드는 음식이랄까? 아이들 학교 식당에서 그 음식이 나오면 나는 바로 사서 먹었다. 그때 정아를 위해서 점심시간마다 학교에 갔었는데, 학교 작은 매점에서 점심을 간단히 해결할 경우가 많았다. 딸과 아들은 아쉽게도 그 그린 콩을 좋아하지 않았다.

필리핀은 매일 도시락을 싸서 학교에 보내야한다. 학교급식이 없다. 한국에서는 특별한 날, 일 년에 한, 두 번만 도시락을 싸서 보냈는데, 이곳은 매일 싸주어야 한다. 엄마들에게는 매일 도시락 싸는 것이 힘든 부분이다. 반찬을 무엇을 싸줄까?, 항상 고민하게 된다. 그런 고민을 가지고 학교 점심시간 필리핀 학생들의 밥 먹는 풍경을 보게 되었는데, 그때 그럭저럭 그 해결법을 찾게 되었다. 필리핀 아이들은 밥만 싸와서 반찬은 학교 매점에서 사서 먹었다. 학교 매점은 뷔페처럼 반찬을 여러 개 만들어 놓고 학생들에게 저렴한 가격에 팔고 있다. 고기 한 덩어리는 보통 30페소씩 받고, 다른 야채반찬들은 15페소나 20페소정도 받는다. 페소는 대략 20을 곱하면 우리나라 금액이 된다.

그래서 나도 이 방법을 응용해서 종종 밥과 기본적인 반찬, 즉, 김치와 계란 프라이 정도만 해서 싸서 보냈다. 나머지는 어차피 점심시간에 내가 가니까 고기반찬을 사서 먹이자, 라고 생각했다. 그렇게 며칠을 사서 먹였다. 필리핀 음식 처음에는 못미덥고, 입맛에도 안 맞고 해서 감히 먹는다는 자체를 생각해보지 않았지만 지금은 괜찮다. 하루는 김치와 계란 프라이도 못 싸주고 밥만 싸서 주었다. 그리고 점심때 갔는데 다른 반찬은 거의 바닥이고 콩 요리만 있어서 그것을 샀다. 아들과 딸은 분명히 싫어하겠지만 그래도 별 방법이 없었다. 역시, 아이들은 처음에는 그 콩 요리를 안 먹으려고 했으나, 결국 한번 먹어보는 것으로 이야기가 되었고, 먹어보더니, 아들은 맛있다고 까지 하고 딸도 크게 반대하지 않았다. 그렇게 싫어하는 음식도 상황이 여의치 않으면 일단은 먹어보게 된다. 먹어보다 보면 생각 외로 맛있다는 것을 알게 된다.

글쓰기도 마찬가지이다. 처음에는 내가 직접 쓰는 글만 고집한다. 그러다가 글쓰기의 어려움을 느끼면서 남의 글도 쓰게 된다. 남의 글을 쓰는 필사를 하면서 그것이 전혀 도움이 안 될 것 같은 선입견을 고쳐먹게 된다.

쉬운 방법이 바로 코앞에 있는데도 잘 모르는 경우가 많다. 등잔 밑이 어둡다는 말이 맞다. 뭔가 특별한 방법이 있을 것 같고, 대단한 비법이 있을 것 같지만 사실은 그렇지 않다. 그나마 특별한 비법이라고 할 수 있는 것은 바로 가까이에 있는 것이다. 책 쓰기 할 수 있는 쉬운 방법은 책 쓰기 과정을 찾아가서 거금을 내고 책을 써내는 것이 다가 아니다. 그렇게 한 번은 할 수 있다. 그런 다음 2번째 책을 낼 때 또 그곳을 찾아서 거금을 낼 것인가? 사실, 그렇게 2번째, 3번째 책도 쓰는 사람이 있다. 또한 책 쓰기 과정에서도 이렇게 2번째, 3번째도 책을 쓰는 것을 도와준다고 이야기한다. 하지만 상술인 경우가 많을 것이다. 그렇게 홍보하고 역시 공짜로 해주지 않는다. 세상에 공짜가 없다. 목차 만들기 하나 하는 데만도 정말 억~소리가 날 정도로 비싼 대가를 지불해야 한다. 정상적이지 않지만, 버젓이 책 쓰기 세계에서는 존재하고 있다.

책 쓰기 과정을 찾아가 거금을 내고 또 내고 하는 것은 우리에게 너무 손실이 크다. 어떻게 한 번은 했지만 2번, 3번 계속 할 수가 없는 것이다. 이제는 혼자 일어서야 할 때다. 한번은 그렇게 해도 시간을 벌 수 있기 때문에 괜찮다고 생각한다. 한 번 그렇게 했다면 그것을 확실히 내 것으로 만들어 2번째 책부터는 내가 스스로 해야 한다. 두려워하지 말고, 못하더라도 자꾸 도전하면서 목차 만들기, 1

꼭지 쓰기, 두 관문을 무사히 통과해 나가야한다. 목차 만들기는 계속 다른 책 쓰기 책을 읽으면서 공부를 하고, 1꼭지 쓰기는 필사를 통해서 홀로 우뚝 서야 한다. 필사가 1꼭지 쓰기 하는데 많은 도움을 줄 것이다. 그런데, 주구장창 내 글만 써야 한다는 생각을 가지고 있다면 잘 배우지 못할 수 있다. 실력 향상이 늦다. 옛날에 쓴 그 방식대로 오늘도 큰 변화 없이 그렇게 쓰게 될 것이다. 필사를 한다면, 달라진다.

처음에는 내 글, 남의 글 구분을 두면 안 된다. 오히려 내 글보다 남의 글쓰기에 더 비중을 두어야 한다. 그 이유는 일단 배워야 하기 때문이다. 그리고 배운 것을 내 것으로 체화해야 하기 때문이다. 이 2가지를 위해서 처음에, 내 글보다는 남의 글을 더 많이 써야 한다. 보통 책 쓰기 과정에서 필사에 대한 중요성을 강조하는 것이 많지 않다. 나도 처음에 이것에 대한 이야기를 듣지 못했다. 나는 직장 맘으로서 직장도 생각해야하고 아이도 키워야 하기에 시간을 벌기 위해 다른 작가의 조언을 받았다. 나는 처음 접하는 분야에서 먼저 간 사람의 도움을 받는 것은 현명한 방법이라고 생각한다. 왜냐하면 돈보다는 시간이 더 소중하기 때문이다. 그때도 필사에 대한 이야기는 듣지 못했다. 하지만 나는 책 쓰기에 대한 마음이 너무나 간절했기에 스스로 필사에 대한 것을 발견하게 되었다. 그렇게 나는 도움을 받는 과정에서도 집에 와서는 책 쓰기 시작 전부터 하던 혼자서 꾸준히 한 챕터씩 필사했다.

나는 초고를 쓰는 중에도 필사를 계속 했다. 필사를 계속한 이유는 그것의 효과를 피부로 느꼈기 때문이다. 처음 초고를 쓰는 것이기에 잘 안 써질 때가 많았다. 그러면 노트북을 들고 내가 사는 지역의 시립도서관을 가기도 했고, 1달 초고완성을 목표로 해서 1달 독서실을 등록하고서는 독서실을 다니기도 했다. 장소를 옮겨가면서 내 글을 쓰려했지만 실패한 날이 있다. 그럴 때 내가 하는 방법이 필사하는 것이다. 남의 글이라도 쓰면 그래도 마음이 안정이 된다. 그날 내가 하려는 목표를 달성한 것처럼 느껴지고, 또 남의 글을 쓰면서 아~ 이렇게 써봐야지, 하는 아이디어를 얻기 때문이다.

내 글만 열심히 쓴다고 실력이 향상되는 것은 아니다. 남의 글도 쓰고 배우면서 내 글도 영향을 받아 좋아지게 된다. 내 글, 남의 글 구분 없이 필사하면서 내 글쓰기를 발전시킬 수 있다는 것이다. 특히 처음 글쓰기를 시작하는 사람, 책 쓰기를 결심한 사람, 1꼭지 쓰기에 고심하는 사람, 모두에게 필사는 멋진 해답이 됨을 강조한다.

필사는 책 쓰기의 기초 체력 훈련이다

—

기초체력 키우기 훈련, 이라는 문구를 보니 초등학교 4학년 때 배구할 때가 생각난다. 지금 아들이 초등학교 4학년이니 딱 아들만할 때 나는 교내 배구선수를 했었다. 정말 오래 전의 일이다. 선생님이 나를 꼭 집어서 배구를 권했기에 나는 특별한 생각 없이 운동을 시작하게 되었다.

배구 담당 선생님의 훈련 강도는 강했다. 매일 방과 후 배구연습을 했는데, 항상 운동장 5바퀴 도는 것부터 지시하셨다. 아이들은 투덜거렸다.

"아~ 왜? 또 도는 거야? 배구하고 달리기하고 무슨 상관이냐?"

숨은 턱까지 차오고, 참다못한 아이들은 불평불만을 토해냈다. 그 당시만 해도 나 역시 배구와 달리기는 아무 상관이 없다고 생각했다. 하지만 시간이 지날수록 알게 되었다. 달리기가 있어야 배구도 있는 거라는 것을. 선생님은 달리기로 배구하는데 필요한 체력을 키우도록 하신 것이다. 기초 체력이 없이는 배구를 잘 할 수 없기 때문이다.

아이들이 좋아하는 TV프로그램이 있다. 여러 명의 연예인이 나와서 주어진 미션을 달성하는 프로그램이다. 거기에서 운동을 밥 먹듯이 하면서 자신의 몸을 관리하는 한 연예인이 나온다. 그 연예인은 운동 중에서 특히, 계단 오르는 것을 좋아한다. 서울의 63빌딩 계단 오르기는 이미 도전을 끝낸 상태이고 세계로 눈을 돌려, 세계의 높은 건물의 계단도 도전하고 싶다는 야망을 가지고 있다. 그 연예인은 방송 TV에서 과체중인 후배, 2명에게 맛난 음식을 사주면서, 계단 오르기를 함께 도전하라고 이야기한다. 당장, 음식에 눈이 먼 2명의 후배는 거하게 음식을 먹고 먹은 보답으로 빌딩 오르기에 도전한다. 빌딩이름은 정확하지 않은데, 서울의 쌍둥이 빌딩이라고 한 듯하다. 시간제한을 두고 계단 오르기 성공하란 미션을 가지고 3명이서 계단을 오르는 장면이 나온다. 계단 오르기를 좋아하는 연예인은 가볍게 평상시처럼 계단을 오르고, 나머지 2명은 땀을 비 오듯 흘리면서 기어서 겨우 계단을 올라가는 모습이다. 그래도 결국 계단 오르기에 모두 성공하게 된다.

계단 오르기를 좋아하는 그 연예인은 딱 봐도 건강해 보인다. 근육이 발달되어 있고 중년의 나이에도 체격이나 체력에 있어서 다른 젊은 연예인에 비해 밀리지 않는다. 평상시 그렇게 기초 체력을 운동으로 유지하니까 저렇게 건강하게 연예활동도 하고 과거 자신의 이미지를 그대로 유지하면서 인기를 잃지 않는구나, 하는 생각이 들었다.

계단 대신 항상 엘리베이터를 이용한 나는 새로운 각오가 생겼다. 그 연예인의 건강한 외모와 계단 오르기에 대한 열정을 아이들과 함께 보고 난 뒤 나도 평상시 계단 오르기를 해보아야겠다고 생각하게 되었다. 기초체력이 어느 날 좋아지는 것은 아니기 때문이다. 평상시 꾸준히 해야 할 것이다. 사실 요즘 어깨가 아프고, 몸이 쉽게 피곤해지는 것이 아마도 체력적으로 약해져서 그렇다는 생각을 한다. 나이가 들수록 체력관리는 필수인데, 생활이 바쁘다 보니 체력에 대한 생각들은 뒤로 미루게 된다. 건강은 건강할 때 지키라는 말이 있듯이 체력 또한 마찬가지이다. 체력이 좋았다가도 관리를 제대로 하지 않으면 바닥으로 떨어진다. 체력이 바닥일 때 다른 일을 못한다. 나도 어깨 아프고 피곤하고 하면 머리가 멍해지면서 책을 읽거나 책을 쓰는 진도가 잘 나가지 않는다. 같은 장소에서 맴돈다. 이것이 다 체력의 문제라고 생각한다. 더 잘 읽고 더 잘 쓰기 위해 기초 체력을 건강히 잘 유지하는 것이 중요하다.

책 쓰기에도 기초체력이 있다. 처음 책 쓰기를 하는 사람은 이 기초체력이란 것을 먼저 키워야 한다. 기초체력이 필요한 이유는 책 쓰기 제대로 완주하기 위해서이다. 책 쓰기는 새로운 도전이다. 새로운 영역이다. 그런 영역에서 기초체력을 키워 자신이 가지고 있는 능력을 맘껏 발휘하여 자신의 이야기를 한 권의 책으로 출간할 수 있게 된다. 그렇다면, 책 쓰기에서 기초체력 영역이라고 하면 어떤 것들이 있을까? 그것부터 하나씩 짚어 보도록 하자.

첫째, 내 책 한 권을 출간한다는 확신이 있어야 한다.

정신적 무장부터 해야 한다. 정신적 기초체력이라 할 수 있다. 세상의 모든 것은 정신적 부분이 먼저 갖추어지고 그 다음 현실이 따라온다. 삶의 모든 부분이 여기에서 벗어나지 않는다. 예를 들어, 내가 간 대학도 먼저 가고 싶은 열망이 있었기에 가게 된 것이다. 열망이 없었다면 나는 노력도 하지 않았을 것이고, 그 대학에 대한 정보도 찾아보지 않았을 것이다. 그렇게 되면 정보도 노력도 없이 당연히 그 대학은 나와 인연이 닿지 않게 된다. 내가 첫 개인저서를 출간하기 전 책 쓰기를 해야겠다는 마음이 없었다면, 강한 욕망이 안 생겼다면 나의 책은 지금도 출간되지 않았을 것이다. 결국 무엇인가를 달성하기 위해서는 도전하려는 마음과 달성할 수 있다는 강한 확신을 갖추는 것이 중요한 것이다.

필사를 하면서 조금씩 알게 된다. 글이라는 것을 어떻게 쓰는 지,

출간한 책을 보면서 조금씩 배워나간다. 물론 처음에는 막막한 마음이 많다. 하지만 걱정만 할 것이 아니라, 그 시간에 필사를 하게 된다면, 걱정은 사라짐은 물론 나도 이 만큼은 쓸 수 있겠다, 라는 생각이 든다. 그것이 바로 책 한권 출간할 수 있다는 확신과 자신감으로 이어진다.

둘째, 쓰기에 대한 거리감을 없앤다.

쓰기에 대한 불편한 감정은 보통 사람이라면 누구나 가지고 있다. 길게 쓰지 못할 것 같고, 어려워서 피하고 글쓰기를 피하고 싶은 감정들이 거리감에 해당된다. 이런 감정상태로는 책 쓰기 하는 것이 지옥과 같을 것이다. 우선 이런 감정부터 없애는 것이 책 쓰기의 기본이 되겠다. 거리감을 없앨 수 있는 방법을 시도해보자. 만약, 면담을 앞둔 사람이 있다고 가정하자. 그 사람은 면담하자는 직장상사를 만나기 전 너무나 긴장되고 부담된다. 하지만, 상사가 될 사람을 만났을 때 생각처럼 부정적인 일이 안 일어났고, 오히려, 인상 좋다고 칭찬 듣고, 당장 출근하라는 이야기를 들을 수도 있는 것이다. 마음이 그렇다고 현실도 그런 것은 아니다. 비록, 거리감이란 감정으로 내가 하고 싶은 것을 못한다면, 그 거리감을 일단, 없애보도록 노력해보자. 쓰기에 대한 거리감도 마찬가지이다. 쓰기에 대한 거리감을 벗어버릴 기가 막힌 방법이 필사이다. 필사를 매일 함으로써 내 글쓰기에 대한 거리감을 날려버리는 것이다. 글쓰기에 대한 기존의 거리감을 없애는 것이 바로 기초체력에 해당될 것이다.

셋째, 1꼭지 쓰기에 대한 감을 대략적으로 잡는다.

1꼭지를 쓰면 책 한권도 쓸 수 있다, 라고 나는 강조한다. 1꼭지가 그만큼 중요하다는 의미이다. 1꼭지는 A4, 2장 정도이다. 칼럼이 보통 A4, 1장 정도이니 그것보다 많다. 평상시 이 분량으로 쓸 일이 별로 없다. 그렇기 때문에 이 분량으로 쓰는 연습이 필요하다. 대략 감이라도 잡아야 한다. 그러면 이제 책 쓰기 기초체력이 생겼다고 볼수 있겠다.

A4, 2장 쓰는 것은 형식을 갖추어야 채우기 쉽다. 필사를 매일하면 서론-본론-결론에 어떤 글감들로 채우는 지 눈여겨 볼 수 있다. 자신이 직접 쓰면서 느끼고 배울 수 있기 때문에 필사는 더 단단하게 글쓰기 체력을 키우는 방법이 된다. 쓰면 쓸수록 쓰기에 대한 감이 생긴다.

넷째, 목차 만들기를 도전할 마음을 갖는다.

목차 만들기는 책 쓰기에서 어렵게 생각하는 부분 중의 하나이다. 하지만 직접 안 해봤기 때문에 드는 생각일 뿐이란 것을 막상 도전하다보면 알게 된다. 1꼭지 쓸 때 서론-본론-결론으로 쓰듯이, 목차 만들기 할 때도 서론-본론-결론처럼 what-why-how의 물음을 생각하면서 만들면 된다. what은 내가 정한 주제의 문제는 무엇인가, 내가 해결할 수 있는 문제 중 하나를 선택해서 그것에 대해서 문제제기를 한다. why는 내가 생각하는 그 문제의 원인이다. how는 그 문제를 해결할 수 있는 나만의 비법이나 노하우를 적어주면 된다. 그러면서 what을 2개로 만들 수 있고, why, how을 각 2개의 장으로 만들 수도 있다. 그렇게 4장도 되고, 5장도 되는 것이다. 처음에는 쉽지 않을 것이다. 쉽지 않은 이유는 그것을 만들어본 경험이 적기 때문일 뿐이다. 목차 만드는 횟수를 늘리면 기초체력이 키워져서 더 잘 하게 된다.

필사를 하면 책 쓰기의 기초체력을 키울 수 있다. 필사의 가장 큰 메리트는 남의 글을 베껴 쓰기 때문에 부담이 적어 매일 쓸 수 있다는 것이다. 글쓰기를 부담 없이 할 수 있다는 것이 얼마나 좋은가? 깊이 생각하지 말자. 시간이 많이 든다고 생각하지도 말자. 오로지 쓰기에 대한 거부반응을 없앨 수 있어 좋다고 생각하자. 1꼭지 쓰기에 대한 감을 잡을 수 있고, 목차도 한 번씩 긁적거려 보고, 그렇게 내 책 쓰기 완성에 대한 상상의 나래를 펼쳐 볼 수 있어 얼마나 좋은가? 처음에는 그냥 이런 마음으로 가볍게 필사를 하자. 부담 없는 필사로 나도 모르게 책 쓰기에 대한 기초체력을 키울 수 있게 될 것이다.

필사는 1꼭지 쓰는 연습이다

—

"책 쓰기에는 2가지 고비가 있다."

라고 나는 평상시 말한다. 하나는 목차 만들기이고 또 다른 하나
는 1꼭지 쓰기이다. 이 두 가지를 익숙하게 할 수 있다면, 평생 책 쓰
기를 할 수 있다. 한 권, 두 권, 권수가 해마다 늘어날 것이다. 이렇
게 나는 상상해보면서 내가 죽기 직전까지 쓸 책은 과연 몇 권이 될
까? 생각해봤다. 물론 권수 자체가 중요한 것은 아니지만, 직접 고
뇌하면서 쓴 결과물이기에 하나하나가 소중하게 여겨질 것이다. 책
을 쓰면서 누구보다 자기 자신이 수혜자가 된다. 쓰는 동안 성장하
게 되기 때문이다. 그리고 내가 쓴 책으로 어떤 사람의 인생이 변화
하는 계기가 된다면 그것처럼 보람 있고 가치 있는 일도 없을 것이

다. 그런 책을 쓰기 위해서 책 쓰기를 간절히 원하는 사람은 책 쓰기 2가지 고비를 넘기는 연습을 매일 해야 한다.

인생 첫 책 쓰기라면 기성 작가의 도움을 받으면서 연습하는 것이 좋다. 처음이기에 누군가와 함께 하면 훨씬 쉽게 목차 만들기도 성공할 수 있다. 목차가 있어야 책 쓰기를 시작한다. 물론 목차 없이 글을 쓰는 사람도 있지만, 보통은 목차부터 만들고 시작한다. 목차가 만들어지면, 그 다음 1꼭지 쓰기, 즉, 초고쓰기에 들어간다. 안타깝게도, 1꼭지 쓰기는 아무도 도와줄 수 없다. 오로지 본인이 해야할 부분이다. 기성 작가가 도와준다고 하더라도 단지 글에 대한 피드백만 가능하다. 쓰는 자체는 본인이 해야 한다. 잘 써든 못 써든 1꼭지 쓰기는 순전히 스스로의 힘으로 이루어야 한다. 그럼 그 1꼭지 쓰기는 어떻게 해야 잘 배울 수 있는 것일까? 필사를 하면 잘 배우게 된다. 내가 궁금한 것들에 예민하게 주의하면서 읽고 쓴다면 잘 배우면서도 빠르게 몸에 익힐 수 있게 된다.

나는 지금도, 1꼭지 쓰기에 시간과 노력을 투자한다. 지금까지 그 일을 계속 하고 있다. 왜냐하면 1꼭지 쓰는 나만의 방식을 개발하기 위해서이다. 만들어 놓은 틀이 여러 종류로 개발된다면 그것에 맞추어 꼭지 글을 쓸 수 있다. 일정한 나만의 틀이 없다면 이 방법, 저 방법을 쓰게 되고, 시간도 에너지도 2배로 소비될 것이다. 무엇보다 글쓰기가 쉬워지기 위해서는 나만의 쓰는 방법이 필요하다. 지금 나는 그 틀을 어느 정도 만들게 되었다. 이 방식으로 쓰면 빠르게는 1시간 30분, 2시간 만에 1꼭지를 완성한다. 처음에 비해 많이 빨라진 것이다. 이제 1시간 1꼭지 쓰기를 위해 더욱 노력하고 있다. 이렇게 패턴을 찾기 위해 노력하는 것은 1꼭지 쓰기를 쉽고 만만하게 만들어 매일 쓰기를 하기 위해서이다. 1꼭지 쓰는 나의 방법, 그 프로세스는 다음과 같다.

첫째, 꼭지제목을 보고 키워드를 정한다.

먼저, 꼭지제목에서 가장 핵심 키워드를 정한다. 예를 들어 "필사는 1꼭지 쓰는 연습이다" 이 꼭지의 제목을 예를 들면 여기에서 핵심키워드는 1꼭지 쓰기가 된다.

둘째, 서론 쓰기 : 키워드와 관련된 일화 + 메시지

키워드와 관련된 소소한 일화를 생각해낸다. 이 일화에는 다양한 이야기가 포함된다. 키워드와 관련된 소소한 자신의 일화는 물론, 현재 자신의 상태나 생각, 마음상태를 적어주기도 한다. 이런 것을 넣어 주고, 그 다음 문단에 자신이 쓰고자 하는 핵심메시지를 정리해서 적어 준다. 이렇게 서론부분을 2개의 문단으로 쓸 수 있다. 서론은 가볍게 시작하는 것이 제일 좋다. 그래서 자신의 소소한 일화로 시작하여 그 꼭지에서 쓸 핵심메시지까지 쓰게 된다면 편안하면서도 호기심이 생기는 서론이 되겠다. 때론, 서론을 1개의 문단으로 쓰기도 한다.

셋째, 본론 쓰기 : 본론쓰기 형식 기억하기

본론은 서론에서 언급하거나 암시한 핵심 메시지에 대해 근거를 써주는 곳이다. 그 근거에는 이유, 사례, 특별한 자료, 기타, 등, 다양한 내용들을 사용할 수 있다. 하지만 너무 많은 근거를 대면 혼란스러운 면도 있기 때문에 나는 딱 1개 아니면 2개를 사용한다. 보통 사례를 많이 넣게 되는데, 이 사례를 직접사례와 간접사례로 나눌 수 있다. 직접사례는 그 꼭지 제목 키워드와 직접 관련 있는 사례이고 간접사례는 키워드와 직접관련은 없지만 의미면에서 관련이 있는 사례이다.

주로 많이 쓰는 방식은 간접사례 하나 쓰고 직접사례 하나 쓰는 것이다. 사실 이것이 가장 무난하다. 간접사례는 나의 경험 중에서 찾는다. 현재와 가까운 경험일수록 더 생생하게 적을 수 있다.

본론의 다른 구조는 직접사례 개수에 따라서 구분한다. 긴 직접사례 1개, 작은 직접사례 2개, 직접사례 +설명식, 이렇게 3종류로 나누었다. 직접사례 1개는 본론부분에 직접사례만 길게 적어주고 마지막 문단에 그 사례에 대한 의미를 친절하게 적어준다. 직접사례 2개는 직접사례 1개보다는 조금 적은 수의 문단으로 본론을 채우는 것이다. 세 번째 방식은 직접사례 1개 와 내가 강조하고 싶은 메시지를 설명식으로 풀어주는 것이다. 즉 설명식이라면 내가 필사를 꺼려하는 이유는 첫째, 둘째, 셋째, 이런 식으로 적어주는 것을 말한다. 설명식 각각에 대해서 그 안에 작은 사례를 넣어주면서 설명을 이어간다. 이렇게 본론을 사례중심으로 생각하면서 채워나간다고 생각하면 좀 더 쉽게 쓸 수 있다. 필사를 하면서 그 작가가 본론을 어떻게 썼는지 유심히 관찰해야 한다. 그냥 베껴 쓰는 것은 의미가 없다. 무슨 생각을 하면서 쓰느냐가 중요한 것이다. 본론쓰기에도 작가만의 공식이 있다는 것을 생각하고 그것을 보면서 쓰면 실제로 본론의 쓰기 방식들이 보인다. 처음에는 어렵겠지만 자꾸 생각하면서 필사하다 면 보이게 된다.

결론 부분에서는 글 전체가 하나의 문단으로 정리가 될 수 있도록 쓰면 된다. 거기에다가 마지막으로 다시 동기부여 할 수 있고, 그 글을 다 읽고 독자가 여운을 느낄 수 있도록 쓰도록 하자. 결론은 마무리이다. 대부분 사람은 처음과 마지막을 기억한다. 어쩌면 사람들은 결론을 더 많이 기억할지도 모른다. 그렇기에 결론은 전체 내용이 다 함축되면서 임팩트있게, 저자인 내가 가장 하고 싶은 메시지 위주로 맺음말을 지으면 된다. 작가마다 어떤 스타일로 결론을 맺는지 필사를 하면서 들여다보자. 글의 개성만큼이나 결론의 개성도 다양하다.

1꼭지 쓰기가 잘 된다면 1권의 책 쓰기도 쉽다. 1꼭지 쓰지 못하면 책 쓰기 완성하기 어렵다. 그렇기 때문에 1꼭지 쓰는 방법에 대해서 계속 생각하고 또 생각하고, 공부해야 한다. 나는 지금도 1꼭지 쓰는 것을 숙달한다는 생각으로 매일 1꼭지씩 쓰고 있다. 개인저서 4권을 냈지만 1꼭지쓰기 더 쉽게, 더 자연스럽게, 그냥 일상처럼, 말하듯이 잘하고 싶기에 그것에 대한 연구와 연습을 계속 하고 있다. 1꼭지를 쓸 때마다 느낀 것을 일기처럼 적어둔다. 지금 이 꼭지도 쓰면서 느낀 것을 메모해둔 자료를 참고로 해서 쓰고 있다. 메모를 해두니, 이렇게 1꼭지 쓰는 사례로도 이용할 수 있어서 좋다. 일기장에 한 번, 1꼭지 쓰면서 다시 한 번, 여러 번 반복하면서 1꼭지 쓰기는 숙달 된다. 이것처럼 처음 책을 쓰는 사람도 이런 마음으로 필사를 해야 한다. 자기 글쓰기는 좀 더 지난 다음에 해도 늦지 않는다. 우선은 필사로 1꼭지 쓰기를 배우고 느끼며 체화하길 바란다.

필사하면서 1꼭지쓰기를 연습할 수 있다. 매일 1꼭지씩 쓰다보면 처음에는 안 보이던 것들이 보인다. 서론도 보이고, 본론, 결론도 보인다. 보인다면 보이는 만큼 따라서 할 수 있다. 서론 쓰는 방법, 본론 쓰는 방법, 결론 쓰는 방법 메모를 하면서 작가마다 다른 유형을 기록해보는 것도 좋다. 다양한 방식들, 다양한 방법들이 있다는 것을 인지하고 그 중에서 나만의 방식도 점 찍어보자. 그렇게 필사하면서 책 쓰기의 고비이자 관문인 한 꼭지 쓰기에 점점 익숙해진다.

필사하면 100% 내 글도 쓴다

—

사람들이 책 쓰기를 희망하지만 실패하는 경우가 많다. 왜 일까? 간절히 원하는데도 시도조차 못하는 경우도 있다. 책을 쓰지 못하는 이유는 분명 있을 것이다. 그 이유를 하나 둘 제거한다면 어떻게 될까? 못 쓰는 이유가 사라지니, 그다음은 쓰는 일만 남는다.

나는 새벽수영을 등록했지만 참석하지 못했다. 그 이유는 새벽에 일어나지 못하고 일어나더라도 대문 밖을 나가지 못해서이다. 그래서 수영을 가기 위해 생각한 방법이 기계적으로 움직이기였다. 내가 기계라면 맞추어진 대로 움직이게 된다. 감정을 실지 않고 나는 기계이다, 라는 생각으로 움직이는 것이다. 알람시계로 5시를 맞추었다. 알람이 울리면 기계처럼 나는 일어난다. 다른 감정, 생각을 하지 않는다. 이것이 쉽지는 않지만 무조건 기계처럼 움직이는 것에 집중했다. 그리고 또 하나의 장벽은 현관문을 열고 나가는 것이다. 현관문 나서기 직전에도 수만 가지 유혹이 있다.

"오늘은 날씨가 추운데, 오늘 하루만 쉬자."

"오늘은 오전에 중요한 약속이 있는데, 새벽이라도 잠을 좀 자두어야 한다. 피곤하면 일을 망칠 수 있다."

유혹을 뿌리치고 나는 그냥 문밖으로 나갔다. 그렇게 문밖까지 무사히 나가면 그 날은 수영강습 참석에 성공하는 것이다. 때론 생각 대신 행동을 하는 것이 도움이 되는 경우가 있다. 생각만 해서는 문제가 더 복잡하게 꼬인다. 생각을 접고 그냥 바로 행동으로 넘어가는 것이다.

책 쓰기 할 때도 책 쓰기 시작하고 성공하기 위해, 이 방법을 사용한다. 새벽수영 가기 전 장애물인 핑계거리와 감정들을 무시하고 현관문을 나섰듯이 나는 책 쓰기 못 할 거야, 라는 부정적인 생각뿐 아니라 온갖 잡다한 생각들을 접어버리고 바로 쓰기부터 하는 것이다.

책 쓰기를 못하는 진짜 이유가 있다. A4 2장 쓰는 방법을 제대로 몰라서이다. 방법을 모르니 내 글을 쓰지 못한다. 그동안, 글쓰기에 대해서 누구한테 배운 적이 거의 없다. 그냥 느낌으로, 긴 글보다는 짧은 글 위주로 쓰면서 살아왔기 때문에 어느 날 갑자기 A4 2장 쓰는 것이 아주 어려운 일이 된 것이다. A4 2장 쓰는 방법을 모르기 때문 파생되는 감정들이 내 글쓰기는 물론 책 쓰기 자체를 시도조차 하지 못하게 나를 위축되게 한다.

A4 2장 쓰는 방법을 잘 모른다면 느끼는 감정들, 그것은 주로 부정적인 감정들이다. 부정적인 감정들 중 가장 대표적인 것이 다음과 같다.

첫째, 자신감 결여이다.

무슨 일이든지, 방법을 안다면 자신감을 가지고 접근할 수 있다. 세부살이 당시 나는 정착하는 내내 자신감이 없었다. 세부라는 곳은 너무나 낯선 곳이고, 아는 것보다 모르는 것이 훨씬 많은 곳이었다. 그래서 하나에서 열까지 먼저 시작한 이웃 사람들에게 배우고 때론 도움을 받아야 한다. 세부 도착 한 달 만에 해야 할 중요한 일들도 이웃의 도움으로 인식하게 되었다. 세부 도착 한 달 만에 하는 것은 관광비자 연장과 왕복항공권의 리턴 날짜를 바꾸는 것이었다. 외국에 나올 때는 항상 왕복항공권만 티켓팅할 수 있다. 세부 물이 석회수라 매주 물을 배달시켜 먹어야 한다는 것, 또한 이웃의 도움으로 알게 되었다. 무거운 생수 통을 거치대에 쉽게 들어 올리는 노하우도 배웠다. 물론 책을 통해 정보를 얻을 수 있지만 세세한 것은 실제 생활하는 곳에서 사람들로부터 더 잘 배울 수 있다. 이웃의 도움으로 1년 동안 많이 성장했다. 처음 왔을 때 아무것도 모르는 갓난아이 수준이었다면 지금은 성인수준이 된 느낌이다. 세부에 대해서 많이 알고 나름 세부 살이에 대한 경험과 노하우가 쌓이면서 자신감도 생겼다. 이제 누군가에게 나의 노하우를 알려주기까지 한다. 책 쓰기도 이와 같다. 처음에는 갓난아이 수준에서 필사를 하고 기성작가의 조언을 참고하면서 방법과 노하우를 깨닫게 됨으로 인해 자신감을 가지게 된다. 그 이후 좀 더 힘차게 책 쓰기에 집중하게 된다.

둘째, 도저히 나는 안 될 것 같은 좌절감이 있다.

자신감이 없으면 조그마한 일에도 쉽게 좌절한다. 통장에 돈이 어느 정도 들어있어야 자신감도 생기고, 지금 조금 실패했더라도 그 돈으로 다른 것을 해도 된다는 생각에 감정이 바닥을 치지는 않는다. 하지만 통장에 잔고는 아예 없고, 의지할 곳도 없다면 어려운 일이 닥칠 때는 쉽게 좌절한다. 책 쓰기도 마찬가지이다. 시작도 하기 전에 혼자 생각하고 혼자 좌절한다. 방법이라도 알고 있다면 좌절보다 오기가 발동하여 다시 시작해보자는 마음이 동할 것이다. 전반적으로 책 쓰기를 하고 싶지만 못하는 이유의 대부분은 방법을 제대로 몰라서 발생하는 부정적인 감정들 때문이다. 부정적인 감정에 자신을 방치하지 말고 대신 필사를 해야 한다. 필사하면서 A4 2장 쓰는 방법을 나름 감지한다면, 내 글을 쓰게 될 뿐 아니라, 책 쓰기 완성인 출간도 나의 현실이 될 것이다.

필사를 꾸준히 한다면 내 글을 쓸 수밖에 없다. 사람에 따라 그 기간이 한 달이 될 수도 있고, 두 달이 될 수도 있다. 이렇게 내 글을 쓸 수 있는 이유는 아주 단순하면서 명확하다. 필사를 통해서 내 글쓰기를 할 수 있게 되는 구체적인 이유 2가지는 다음과 같다.

첫째는 필사를 하면서, 1꼭지 쓰는 방법을 조금씩 느낌으로 인지하게 된다. 느낌으로 인지한다는 것은 참 대단한 역할을 한다. 세부살이 당시, 나처럼 늦은 결혼을 하고 초등학생 고학년 딸을 데리고 이 곳 필리핀 세부을 찾은 엄마를 알게 되었다. 50대 중반인 그 엄마는 완벽한 영어를 갖춘 상황은 아니다. 그럼에도 불구하고 혼자서 많은 일들을 척척 해결하고 잘도 적응하고 했다. 필리핀 세부에서 집을 구하는 것, 아이 학교 등록하는 것, 세부의 대중교통 수단인 지프니를 타고 세부 중심가에 있는 아얄라 몰 근처의 시티 은행을 찾아가 페소를 찾는 것, 자동차도 없이 잘도 찾아다닌다. 그 엄마가 자신감을 가지고 그렇게 씩씩하게 적응해나갈 수 있었던 이유는 그전에 외국경험이 있었다는 것이다. 일본에서 좀 살았고, 미국에서도 6개월 정도 살았고, 그렇게 외국경험이 있기 때문에 느낌으로 때론 외국밥을 먹은 눈치로 모든 일을 척척 혼자서 처리하고 잘 적응해나가는 것이었다. 필사할 때도 이와 비슷하다. 필사를 하면 1꼭지, 즉, A4 2장을 어떻게 쓰는지 느낌으로 많이 배우게 된다. 한마디로 1꼭지 쓰는 감이 생긴다. 그 감이 남의 글을 베끼는 필사가 아니라, 나의 생각을 적는 내 글을 자신감을 가지고 쓸 수 있게 한다.

둘째는 긴 글쓰기에 익숙해진다. 짧은 글은 누구나 쓰면서 살고 있는 시대이다. 하지만 긴 글은 아니다. 짧은 글을 쓰면 긴 글도 쓸 가능성이 높아진다. 하지만 손이, 눈이, 머리가 긴 글쓰기에 적응하는 시간이 필요하다. 그 적응이 필사를 통해서 가능하다. 필사를 하면서 나의 몸이 긴 글쓰기에 점점 적응이 된다.

필사하면 100% 내 글을 쓸 수 있다. 물론 사람마다 시간의 차이는 있겠다. 누구는 단지 한 달 만에 내 글을 쓸 수 있는 조건을 갖추기도 한다. 어릴 때나 과거에 긴 글쓰기를 해본 사람이라면 더 빨라질 것이다. 보통 사람은 긴 글 쓰는 것이 쉽지 않다. A4 2장 쓸 기회도 써야할 이유도 없이 그동안 살아왔기 때문이다. 그래서 A4 2장을 어떻게 쓰는지도 잘 모른다. 이 모른다는 점이 책 쓰기의 발목을 잡는다. 그렇기 때문에 필사를 권한다. 필사로 1꼭지 쓰는 방법에 대한 감을 잡을 수 있고 긴 글쓰기에 익숙해진다. 이점이 필사의 최고 장점이라 말할 수 있다. 1꼭지 쓰는 방법에 대한 어렴풋한 노하우가 생기면서 자신감도 붙고, 내 글도 써보자고 도전하게 된다. 그렇게 필사를 통해서 내 글쓰기가 가능하게 된다. 필사의 시작은 곧 나의 생각과 메시지를 쓰는 내 글쓰기의 시작이 됨을 기억하자.

고민하지 말고 필사부터 해라

—

시작하기 전에는 모든 것이 걱정이고 고민이다. 하지만 일단 시작을 하게 되면 생각만큼 막막하지도 답이 전혀 없지도 않다. 서서히 안개가 걷히듯, 조금씩 그 답을 찾아나간다.

처음 세부에 와서 나는 집밖에 나가기를 꺼려했다. 지금은 마음대로 자유자재로 다니지만, 그때는 그랬다. 내가 사는 막탄의 대형 몰도 가는 것이 걱정 되었다. 처음에는 차도 없이, 택시를 타고 다녔고, 올 때는 오토바이를 개조한 트라이시칸을 타고 왔다. 처음 정착하는 시기이기에 사야할 물건들은 많고, 그것을 구매하기 위해 매일 외출을 해야 했다. 만약 차가 있었다면 후딱 다녀올 수 있는 거리도, 중간에 변수들이 많아서 몰에 가는 자체도 쉽지 않았다. 길도 익숙지 않아 집 근처를 조금만 벗어나도 불안감이 스멀스멀 일어났다.

이곳 필리핀도 사람 사는 곳이다. 그런데 무엇이 그렇게 불안했던지, 지금은 한편으로는 그때가 이해가 되기도 하면서 안 되기도 한다. 현지인들은 피부색이 검고, 옷 자체도 추리해 보이는 면이 있어서 무섭게 여겨지기도 하지만 외모만 그럴 뿐이다. 대체로 순박하다. 물론 어디가나 일부, 조심해야 할 사람이 있기는 하지만 그래도 전반적으로 사람들은 잘 웃는 편이고 친절하다. 한국을 떠나 왔기에 환경이 낯설고 익숙지 않아서 오는 불안감일 뿐이었다. 시간이 지나면서 서서히 그런 불안감은 사라졌다. 처음의 어색함은 시간이 흐르면서 자연히 사라지며 불안하지도 고민되지도 않는다. 역시 외국에서는 직접 살면서 경험하고 살아보는 것이 최고의 방법이다.

책 쓰기에서도 이와 비슷한 부분이 있다. 하기 전에는 엄청 고민된다. 이것을 어디에서 풀어가야 할지 생각할수록 꼬여가고 답이 안 나온다. 책 쓰기 고민에 고민을 거듭하면서 자신도 모르게 다른 행동들을 하게 된다. 마음과 다른 모습을 자꾸 보이게 되는데 그 모습들은 이렇다.

첫째, 책 쓰기 열정을 마음속 깊이 꼭꼭 숨겨두고 표현하지 않는다.

　너무나 하고 싶지만 현실에서 도저히 용기가 나지 않는 보물 같은 소망은 마음속에 꽁꽁 가두어둔다. 책 쓰기가 그렇다. 독서 한지, 5년, 10년 된 사람은 책 쓰기에 관심을 가진 사람이 많다. 책과 친하기에 그것은 당연한 일이다. 하지만 세상살이가 바쁘고, 바빠서 여유가 없으니, 또한 고민해도 방법을 찾기 어려우니, 열정에 비해 책 쓰기는 자꾸 뒤로 미루어진다. 이제 그것을 벗어던져야 한다. 언제까지 마음에만 담아둘 것인가? 하루라도 빨리 드러내 놓고 책 쓰기 방법을 찾고 실수를 하더라도 시작하자.

　둘째, 책 쓰기 관심 없는 척 한다
　포도를 못 따먹는 여우가 저것은 신포도일 거야, 라고 말했던 우화처럼, 내가 하기 어렵다고 생각해서 저것엔 관심 없는 척 하게 된다. 하지만 그 누구보다 나도 책 쓰기를 완성해서 남들처럼 작가가 되고 싶다. 책 쓰기가 어렵게 느껴지더라도 스스로 관심과 열정을 억누르지 말자. 그렇게 어느 정도 억눌러질지 몰라도 현명한 방법은 아니다. 스스로 길을 찾으면 그 길을 찾게 되련만 찾지 않기 때문에 못 찾게 되는 것이다.

　셋째, 용기를 내어 책 쓰는 것에 대한 이야기를 하지만 허망한 대답만 돌아와 위축된다.

주변에 책 쓰기에 대해 관심을 표현하지만 돌아오는 것은 무관심, 무응답 혹은 냉담한 응대뿐이다. 이런 경우에는 번지수를 잘 못 찾은 경우이다. 책 쓰기 고민은 책 쓴 사람한테 풀어놓아야 한다. 주변에 얼마든지 작가를 만날 수 있다. 요즘은 작가들이 더 적극적이다. 홍보도 작가가 하는 경우가 많다. 그렇기 때문에 SNS는 물론이고 작가와의 특강을 하는 곳도 많기 때문에 충분히 만나서 자신의 책 쓰기에 대한 열정을 풀고 힌트를 얻으면 된다.

너무나 하고 싶지만 하지 못해서 나타나는 여러 모습들을 보면서 나는 안타까운 마음이다. 스스로 책 쓰기 성공에 도달할 수 있는 쉬운 방법이 있는데 그것을 모르는 사람이 많아 아쉽다. 나는 사람들이 모여 있는 곳으로 나가 그 방법에 대해 마이크 잡고 큰소리로 강조하고 싶은 마음이다. 언제든 연락을 하면 좋겠다. 고민하고 있느니, 작가에게 연락해서 자신의 간절함을 전하면 좋겠다. 나에게라도 연락주면, 나의 책 쓰기 노하우를 공유하고 함께 할 것이다. 메일도 좋고, 전화로도 좋다. 두드리는 자가 원하는 것을 얻는다. 우선, 책 쓰기 쉽게 할 수 있는 방법에 대해서 3가지로 이야기해 보겠다.

우선은 고민할 시간 있으면 필사부터 하라고 강조한다. 머리로 아무리 고민해 봐도 답이 안 나올 때가 있다. 나는 필리핀 세부 살이 시작하기 전에 한국에서 많이 고민을 했었다. 한국에서 외국 살이를 고민하니 답이 나오지 않았다. 직접 가서 경험하지 않고는 알 수 없는 부분이 많다. 집과 학교는 사전답사를 갔다 와서 한국에서 지인의 도움을 통해서 집이 나오는 대로 가계약 했다. 학교도 마찬가지 필요한 서류에 대한 정보를 미리 얻고 한국에서 준비하면 되었다. 하지만 낯선 곳에 대한 불안감은 한국에서는 어떻게 할 수가 없다. 그것은 현지에 직접 가서 살면서 필리핀이란 나라와 사람들을 겪어보면서 적응하고 불안감을 없애야 한다. 이것처럼, 책 쓰기도 실제 글을 쓰면서 알게 되는 부분이 있다. 쓰기 전에는 직접 알 수 없는 부분이다. 쓰면서 해결되는 부분이 많이 있다. 그렇기 때문에 책 쓰기를 하는 사람, 특히 처음 책을 쓰는 사람일 경우 필사라는 쓰는 경험을 통해 글쓰기에 대해서 느끼고 배우는 과정이 책 쓰기를 완성하는데 도움이 많이 된다.

필사를 하면서 기회가 된다면 필사한 책의 작가를 만나길 바란다. 작가를 만나서 작가의 경험담을 직접 들어보고 책 쓰기에 대한 노하우를 배워라. 작가들은 이미 책을 써본 사람들이다. 그렇기 때문에 실질적인 책 쓰기 노하우를 배울 수 있다. 첫 책을 출간한 작가의 이야기를 듣는 것이 좋다. 아니면, 갓 작가의 세계에 진입한 서너 권의 책을 쓴 작가들의 노하우가 첫 책을 쓰는 사람에게 더 값진 보물이 될 수 있다. 그들은 첫 책을 쓰는 데 실질적으로 더 도움이 되는 이야기를 해줄 수 있는 사람들이다. 또한 그들은 첫 책을 쓴 진한 경

힘을 마음껏 가르쳐 주고 싶은 열정이 아직 많은 사람들이다. 그 사람들의 노하우를 마음에 담고 첫 책 쓰기에 활용해야한다. 만약, 작가를 만나지 못했다면 비용이 들더라도 코칭을 받거나 기타 도움을 받는데 과감히 투자를 해도 좋다고 나는 말하고 싶다.

  필사를 하면서 많은 것을 느끼고 깨닫게 된다. 1꼭지의 서론-본론-결론은 이렇게 썼구나, 서론에는 이 꼭지의 핵심메시지가 암시되도록 작가의 일화를 가져다 적어주었고, 본론에는 핵심메시지를 쉽고 편하게 이해하도록 사례들을 넣어주고 결론은 이 꼭지의 핵심메시지를 다시 한 번 강조하면서 사람들의 마음에 진한 여운이 남도록 마무리 지으면 된다는 것을 알게 된다. 확실히 느낌으로는 잘 알게 된다. 하지만 뭔가 조금 불명확한 부분이 있다. 그것을 먼저 쓴 작가한테 도움을 받아야 한다는 것이다. 주변에 그럴 작가가 있다면 최대한 그 작가의 도움을 받되 작가는 자신의 시간과 노력을 들이기 때문에 그 점을 감안하여 사례를 하는 것이 맞다. 그렇게 해야 궁금한 것 편안하게 질문하고 배울 수 있다.

  어찌하였던 작가를 만나는 것도 좋지만 가장 기본은 필사라는 점을 잊지 말아야 한다. 아무리 돈을 들여도 본인이 노력하지 않는다면 책 쓰기 마무리하기 어렵다. 그 노력이란 것이 쉽게 쓰는 필사인 것이고, 그것이 생각 외로 많은 효과가 있다는 점에서 정말 다행스럽다. 이제 고민대신에 필사를 통해서 바로 글쓰기 시작하면 된다.

필사가 책 쓰기에 효과가 있다는 것을 몰랐을 때는 정말 고민을 할 수밖에 없다. 나도 그랬고, 많은 사람이 그랬다고 이야기하는 것을 들었다. 내가 책 쓰기를 하기 전 그 어떤 사람도 책 쓰기하려면 필사부터 해라, 라고 강조하지 않았다. 그래서 책 쓰기에 대한 고민을 더 하게 된 것이다. 하지만 그런 고민의 경험이 있었고 필사의 효력을 강하게 느꼈기 때문에 나는 이 원고도 쓸 수 있게 된 것이니, 정말 버릴 경험은 세상에 없는 것이 맞다. 과거의 고민들이 새로운 책으로 탄생된다. 책 쓰기를 하고 싶은 사람들이 많은 반면 책 쓰기를 완성하고 자기 책을 출간하는 사람이 적은 현실이 안타깝다. 책 쓰지 못한 대부분의 사람들이 고민만 하다가 답을 못 찾고 결국 지쳐서 흐지부지 없었던 일로 만드는데, 이제 그렇게 하지 말자. 고민하지 말고 대신, 필사를 시작 하는 것이다. 필사를 할수록 고민은 사라지고 길이 보이게 된다. 책 쓰기의 고민, 필사로 날려버리시길 바란다.

필사하고 당신의 책을 가져라

—

이른 아침, 내가 하는 중요한 일은 1꼭지 쓰기이다. 1꼭지를 매일 씀으로써 나는 매일 책을 쓰고 있다. 이렇게 생활이 바뀐 것은 얼마 되지 않았다. 2018년 4월 첫 책을 출간한 이후 나는 매일 쓰기 위해 노력했고 새벽에 일어나서 이렇게 1꼭지 쓰기를 하고 있다.

매일 쓰기로 각오한 이유는 한 가지이다. 책 쓰기에 대한 가치를 발견했기 때문이다. 바쁘게 직장생활만 하고 살았었는데, 새로운 세계를 접하게 된 것이다. 나는 대학을 졸업하자마자 취직이 되었다. 국군간호사관학교를 졸업하자마자 병원에 배치되었다. 의무복무기간 6년이란 시간이 있기 때문에 졸업과 동시에 군병원으로 바로 가게 되었다. 그래서 다른 생각을 할 틈이 없었다. 어떤 이는 대학 졸업 후 직장을 얻기 전까지 여유시간이 있지만 나에게는 그런 시간이 없었다. 아예 그런 시간 자체를 바라지도 않았다. 남들은 그런 나를 오히려 부러워하기도 했다. 하지만 겉으로 보이는 모습과 다른 부분이 있다. 나는 그 동안 한 번의 직장이동만 했고, 대학졸업이후부터 지금까지 다른 것 생각할 틈도 없이 하던 일만 쭉 하면서 살아왔다.

직장생활이 쉽지만은 않다. 왜냐하면 목표를 중심으로 움직이는 조직사회이다 보니, 조직의 목표가 사람보다 더 중요하게 여겨지는 경우가 많기 때문이다. 때론 사람 때문에 실망도 하고 좌절도 한다. 만약, 하는 일까지 꼬인다는 느낌을 갖는다면 이중, 삼중의 고충이 생기게 된다. 직장 스트레스를 잘 관리하지 못할 경우 심리적 압박으로 생각지도 못한 불청객, 질병을 얻기도 한다. 직장생활하면서 얻은 병들은 어쩌면 스트레스의 부적절한 관리와도 연관이 있을 것이다. 직장인일수록 스트레스 관리에 신경을 써야 한다. 계란을 한 바구니에 담으면 위험하다. 온 정신을 직장에만 쏟는 것은 한 바구니에 모든 계란을 담아서 스스로 위험한 환경을 만드는 것과 같다. 직장에만 너무 집중하고 올인 하다보면 만약 어떤 문제가 직장에서 생긴다면 심리적으로 타격이 크게 된다. 그렇기 때문에 직장인에게는 심리적으로 편안함을 얻을 수 있고, 스트레스를 관리할 만한 다른 일을 최소 한 가지씩이라도 가지고 있어야 한다. 그것이 운동이

어도 좋고, 책을 읽는 것도 좋다. 나 개인적으로는 책 쓰기를 가져보기를 권하고 싶다. 책 쓰기는 스트레스 관리는 물론 직장인들의 잃었던 자존감 회복에도 효과 만점이다. 책 쓰기 하나 했을 뿐인데, 다양한 효과를 얻을 수 있다.

나는 아쉽다. 반백년 살고 난 뒤, 책 쓰기를 알게 되어서 그 동안 못 쓴 시간들이 너무나 아깝다. 나는 더 많은 사람들이 일찍 책을 써서, 자신의 진짜 모습을 발견하고, 그것을 바탕으로 더 가치 있고 행복한 삶을 더 오래 살기를 바란다. 그렇다면 책을 써야 하는 이유는 무엇일까? 구체적으로 책 쓰기를 해야 하는 이유는 다음과 같이 정리할 수 있다.

첫째, 당신은 책 쓰는 것에 재능이 있을지 모른다.

그 동안 긴 글을 써볼 기회가 없었다. 그렇기에 긴 글이라면 도망가고 싶은 심정이 지금의 당신 모습일 것이다. 하지만 일단 남의 글이라도 베껴 쓰면서 긴 글을 쓰다보면 자기도 모르는 글쓰기 재능을 발견할 수도 있다. 책 쓰기 해보지 않고는 모르는 일이다.

둘째, 책 쓰는 것으로 행복감을 느낄 수 있다.

누군가를 대상으로 나의 메시지를 말로 표현 하는 것은 긴장감도 있지만 한편으로 기분 좋은 일이다. 글 쓰는 것은 단지 말 대신 글이라는 것일 뿐, 누군가에게 메시지를 전달하는 것은 같다. 그렇게, 글이 나의 행복감이 될 수 있다. 내가 지금 느끼는 것처럼 당신도 그렇게 느낄 수가 있다.

셋째, 책 쓰는 것이 진정한 당신의 기쁨이 될 수 있다.

내가 알고 있는 정보와 노하우를 함께 공유한다면 다른 사람에게 이로운 것을 나누어주는 것이다. 나누어 주는 기쁨, 이것이 책 쓰기의 진정한 기쁨이다.

넷째, 책 쓰기 함으로 매일 성장하는 삶을 산다.

쓰기 위해 읽게 된다. 쓰는 사람치고 읽지 않는 사람은 없다. 쓰는 사람은 읽음으로써 아이디어를 얻고 그 아이디어로 더 많이 쓴다. 읽고 쓰는 것을 통해서 새로운 아이디어와 도전으로 많은 것을 배운다. 매일 새로운 성장을 한다. 누군가는 인생의 목적이 이 성장이라고 했다. 매일 하는 성장으로 삶의 진정한 의미와 행복을 느낀다.

다섯째, 은퇴 후 인생 2막이 두렵지 않다.

직장인이 착각하는 것이 있다. 지금의 직장에서 뼈를 묻을 것만 같은 생각이다. 하지만, 한 번 들어갔다면 반드시 나와야 하는 것이 직장이다. 끝나는 시점에 무엇인가를 다시 시작하기는 어렵다. 그렇기 때문에 직장 다니면서 조금씩 무엇인가를 해야 하고 그것이 글쓰기라면 든든한 준비가 된다.

여섯째, 아이들에게 책 쓰는 엄마, 아빠의 모습을 보여줄 수 있다.

아이들은 엄마, 아빠의 뒷모습을 보고 배우면서 자란다고 했다. 직접적 가르침이 아니라 행동으로 말없이 보여줌으로써, 생활에서 롤 모델이 될 수 있다. 나는 책 쓰기를 나이 들어 알게 되었다. 아쉬운 점은 좀 더 젊었을 때 몰랐다는 사실이다. 책 쓰기는 나이와 상관없다. 글자알고, 방법만 조금 배운다면 쓸 수 있다. 책 쓰기, 아이들에게 꼭 알려주어야 할 삶의 값진 가치이자 수단이다.

일곱째, 인생 정말 재미없고 우울할 때, 책 쓰기가 위안이 된다.

책 쓰기를 통해서 내가 가야할 길을 나는 알게 되었다. 그 동안 목적 없이 직장생활만 열심히 했다면 지금은 직장과 상관없이, 목적 있는 삶, 내가 진정 원하는 삶을 추구하게 되었다. 책 쓰기, 이것은 자신의 경험과 노하우, 메시지를 세상에 전달함으로써 선한 영향력을 끼치는 하나의 메신저의 시스템이다. 이것을 함으로써 나도 가치 있는 삶을 살 수 있고, 나로 인해 세상에 조금은 긍정적인 영향을 준다고 생각할 수 있기 때문에 보람되고 우울할 틈이 없다.

책 쓰기를 통해서 얻는 이로운 점이 이렇게 많은데, 거부할 이유가 없다. 어떻게 해서든지 내가 쓴 한 권의 책을 손에 넣어야 한다. 하지만 나는 잘 안 될 거야, 하는 자신감결여 마음이 스멀스멀 번져 올 수가 있다. 책 쓴 사람은 책 쓸 만한 능력을 타고났겠지요, 라고 반문하고 싶겠지만 확실히 나는 말할 수 있다. 나 자신은 내가 글 쓰는 재주가 없는 줄 알았다. 하지만 써보니 쓰게 되었다. 특별한 재주가 필요한 것이 아니라 방법을 알고 터득한다면 말하듯이 그렇게 쓸 수 있게 될 것이다. 먼저, 글과 친해져야 한다. 그래서 나는 필사를 권한다. 필사가 당신을 책 한권의 소유자, 저자로 만들어 줄 것이다. 믿음을 가지기 바란다. 처음부터 혼자서 자신의 생각을 정리해서 쓰기는 쉽지 않다. 만약 가능하다면 바로 자기 글쓰기를 하면 되고 그렇지 않다면 염려하지 말고 필사부터 하면 된다. 나도 마찬가지로 필사부터 시작했다. 필사는 어떤 사람에게 유익한가? 필사를 꼭 해야 하는 사람은 다음과 같다.

1. 이전에 글이라고는 써보지 않은 사람.
2. 영어울렁증처럼 글쓰기에 울렁증이 있는 사람.
3. 글쓰기에 대해 남모르는 좌절감을 가지고 있는 사람.
4. 강연은 자신 있는데, 글쓰기에는 왠지 자신감이 떨어지는 사람.
5. 읽기만 했던 사람.
6. 반드시 초고를 완성하고자 하지만 진행이 잘 안 되는 사람.
7. 작가되기를 간절히 원하면서 시도를 못하는 사람.

위의 사람들이 가지고 있는 공통점은 긴 글쓰기가 두렵다는 것이다. 해보지 않았기 때문에 두려울 뿐이다. 그것은 필사로 해결할 수 있다. 필사, 남의 글이지만 매일 글쓰기를 하는 것이다. 매일 쓰는 글로 인해 불가능이 가능으로 바뀌고 자신 없음이 나도 해볼까하는 마음으로 바뀐다. 울렁증이 사라지고, 나의 작가모습이 더욱 선명하고 가까운 미래의 일처럼 느껴지며, 이제 책도 읽고 글도 쓰는 만족스런 자신의 모습을 상상하게 된다. 매일 쓰는 것이 중요하다. 남의 글, 내 글 상관없다. 남의 글을 매일 쓰다보면 서서히 내 글도 쓰게 된다.

필사를 하면 결국 당신의 책도 가질 수 있다. 책을 쓰고자 하지만 시작조차 어려워하는 이유는 긴 글쓰기에 익숙지 않아 부담이 되기 때문이다. 긴 글쓰기에 익숙해지는 방법은 다른 것이 없다. 매일 쓰는 것이다. 단, 처음부터 혼자 쓰는 것이 어려우니까, 필사부터 하는 것이다. 필사를 하면서 또한, 글 쓰는 방법에 대해 조금씩 감을 잡게 되고 자신감도 가지게 된다. 여기에 책 쓰는 기술만 조금만 배우고 터득하게 된다면 자신에게 책 쓰기는 쉬운 과정이 될 것이다. 책 쓰기 남의 일처럼 여겼고, 책 쓴 사람은 본래 특별한 재주를 타고난 것처럼 생각했는데, "나도 되네!" 하는 경이로운 경험을 체험하게 될 것이다. 이제 망설이지 말고 필사부터 시작해라. 먼저 작가가 되었고 그 덕택에, 새로운 관점으로 살맛나게 살고 있는 나는 모든 사람이 필사하고 한 권 책의 저자가 되기를 진심으로 바란다.

내 인생 첫 책 쓰기 비법은 필사이다 　개정판

초판 1쇄 발행 ∣ 2020년 9월 29일
개정판 발행 　∣ 2024년 12월 2일

지은이 ∣ 나애정
펴낸이 ∣ 김지연
펴낸곳 ∣ 생각의빛

출판등록 ∣ 2018년 8월 6일 제 406-2018-000094호

ISBN ∣ 979-11-6814-086-8(03190)

원고 투고 ∣ sangkac@nate.com

ⓒ나애정

값 16,200원